TRATANDO
FOBIA, PÂNICO E DEPRESSÃO
COM TERAPIA DE REGRESSÃO

Mauro Kwitko

Tratando
Fobia, Pânico e Depressão
com Terapia de Regressão

2ª edição / Porto Alegre-RS / 2016

Capa e projeto gráfico: Marco Cena
Revisão: Sandro Andretta
Produção editorial: Bruna Dali e Maitê Cena
Assessoramento gráfico: André Luis Alt

Dados Internacionais de Catalogação na Publicação (CIP)

K98t	Kwitko, Mauro
	Tratando fobia, pânico e depressão com Terapia de regressão / Mauro Kwitko. – 2.ed – Porto Alegre: BesouroLux, 2016.
	216 p.; 16 x 23 cm
	ISBN: 978-85-99275-93-1
	1. Psicoterapia reencarnacionista. 2. Reencarnação. 3. Vidas passadas. I. Título.
	CDU 616.89-008.441

Bibliotecária responsável Kátia Rosi Possobon CRB10/1782

Direitos de Publicação: © 2016 Edições BesouroBox Ltda.
Copyright © Mauro Kwitko, 2016.

Todos os direitos desta edição reservados à
Edições BesouroBox Ltda.
Rua Brito Peixoto, 224 - CEP: 91030-400
Passo D'Areia - Porto Alegre - RS
Fone: (51) 3337.5620
www.besourobox.com.br

Impresso no Brasil
Janeiro de 2016.

SUMÁRIO

COMENTÁRIO INICIAL 7

UMA VISÃO ESPIRITUAL DAS FOBIAS, DO
TRANSTORNO DO PÂNICO, DA DEPRESSÃO
SEVERA, DAS DORES FÍSICAS CRÔNICAS ETC....... 15

PREFÁCIO 19

FOBIA 21

- CAPÍTULO 1: O QUE É FOBIA? 23
- CAPÍTULO 2: OS TIPOS DE FOBIAS 27
- CAPÍTULO 3: SINTOMAS DAS FOBIAS 41
- CAPÍTULO 4: O INÍCIO DOS SINTOMAS 45
- CAPÍTULO 5: A ORIGEM DAS FOBIAS 49
- CAPÍTULO 6: CINCO CASOS DE REGRESSÃO 55

PÂNICO 83

- CAPÍTULO 1: O QUE É O
  TRANSTORNO DO PÂNICO?........................... 85
- CAPÍTULO 2: O DIAGNÓSTICO
  DO TRANSTORNO DO PÂNICO 93
- CAPÍTULO 3: O QUE CAUSA
  O TRANSTORNO DO PÂNICO? 99

- Capítulo 4: O Transtorno do Pânico é um problema sério? 107
- Capítulo 5: Qual é a população atingida? 11
- Capítulo 6: Os tratamentos 115
- Capítulo 7: Qual o tempo de duração? 119
- Capítulo 8: As Doenças que parecem com ataques de Pânico 123
- Capítulo 9: Cinco Casos de Regressão 127

DEPRESSÃO 139

- Capítulo 1: O que é Depressão? 141
- Capítulo 2: Sintomas da Depressão 149
- Capítulo 3: Tipos de Depressão 159
- Capítulo 4: As causas da Depressão 163
- Capítulo 5: Cinco Casos de Regressão 169

RECADOS 189

- Um recado às pessoas com Fobia, Transtorno do Pânico ou Depressão 189
- Um recado aos seus amigos e parentes 192
- Um recado aos psiquiatras e aos psicólogos 193
- Um recado aos espíritas 195

COMENTÁRIO FINAL 199

AGRADECIMENTOS 209

COMENTÁRIO INICIAL

A Associação Brasileira de Psicoterapia Reencarnacionista (www.portalabpr.org) tem uma profunda preocupação com o rumo que a Terapia de Regressão vem tomando. Essa terapia já mostrou que não é um modismo, está bem estabelecida, sendo praticada por muitos médicos, psicólogos e psicoterapeutas no Brasil e em outros países, como se pode observar na literatura, na Internet e nos vários congressos e eventos nacionais e internacionais de Terapia de Vidas Passadas (TVP). Nossa preocupação, que vem ao encontro da maior contestação que a TVP recebe de dirigentes e pessoas ligadas ao Espiritismo, com absoluta razão, diz respeito à interferência e à infração que certa parcela dos terapeutas de regressão comete em relação a uma Lei Divina: a Lei do Esquecimento. É uma grave infração, mas muitos terapeutas não sabem disso.

É possível conciliar-se a Terapia de Regressão com a Lei do Esquecimento (essa é uma de nossas bandeiras), desde que o terapeuta siga a orientação de Allan Kardec, a respeito da revelação de existências anteriores, quando diz, na questão 399, em *O Livro dos Espíritos*:

"Mergulhado na vida corpórea, perde o Espírito, momentaneamente, a lembrança de suas existências anteriores, como se um véu as cobrisse. Todavia, conserva algumas vezes vaga consciência dessas vidas, que, em certas circunstâncias, podem ser reveladas. *Esta revelação, porém, só os Espíritos superiores espontaneamente lhe fazem, com um fim útil, nunca para satisfazer a vã curiosidade.*"

Boa parte dos terapeutas de regressão, no Brasil e no mundo, respeita a Lei do Esquecimento, mas muitos a infringem. Temos esse respeito como uma de nossas principais diretrizes e realizamos regressões obedecendo a essa Lei. Nosso Método regressivo consta de dois aspectos básicos:

1º) O direcionamento da regressão é totalmente comandado pelos Mentores Espirituais das pessoas, sendo que nossos psicoterapeutas não induzem, não sugerem, não sugestionam, não comandam e não conduzem o processo regressivo para a queixa da pessoa, para o que ela quer melhorar ou curar, o que deseja saber ou entender, mas, sim, por meio da Meditação consciente, ajudam-na a relaxar seu corpo físico e elevar sua frequência, para que seus Mentores Espirituais direcionem o que ela vai acessar, o que necessita encontrar, o que será benéfico para ela, o que respeita a Ética. As encarnações passadas que a pessoa vai acessar ficam, assim, totalmente a critério do Mundo Espiritual, e isso segue a orientação que os Espíritos superiores deram a Allan Kardec há um século e meio atrás. A Regressão Terapêutica é similar ao Telão no período intervidas, embora seja mais amena do que este pela nossa condição de Espíritos encarnados, ou seja, nem tudo os Mentores mostram nas regressões realizadas aqui na Terra.

2º) Durante a recordação propriamente dita, o psicoterapeuta reencarnacionista apenas estimula, quando e se necessário, a pessoa a continuar seu relato, sem perguntar seu nome, seu país, o ano em que está etc. E nunca é incentivado o reconhecimento de pessoas no passado, pois isso é uma seriíssima infração à Lei do Esquecimento.

Uma característica que aprofunda ainda mais a abrangência de nosso Método é que a recordação vai desde a situação acessada, até recordar a própria morte naquela vida, seu desencarne e a volta ao Mundo Espiritual (período intervidas), e só termina depois que a pessoa recorda que todas as ressonâncias da encarnação anterior já desapareceram (Ponto Ótimo), do ponto de vista "físico" ou psicológico. Chamamos a isso de "Regressão completa", uma recordação integral e fiel da história do passado disponibilizada pelos seus Mentores. Não interrompemos a Regressão (recordação) durante a história para adotarmos certos procedimentos, como catarse, esvaziamento de sensações e emoções, reprogramação etc., pois, recordando toda a história, até seu final, quando já voltamos para Casa, nada disso é necessário; apenas, ao final da Regressão, colaboramos, se imprescindível for, para o entendimento do que seus Mentores estão querendo lhe ensinar, lhe transmitir, com essas recordações.

O objetivo da Psicoterapia Reencarnacionista, a Terapia da Reforma Íntima, a mesma psicoterapia utilizada no período intervidas, é ajudar as pessoas, em um tratamento cuja duração pode variar de vários meses a anos, constituído de consultas semanais ou quinzenais de 1 hora e sessões de regressão de 2 horas, em média, a encontrarem o que André Luiz chama de "Personalidade Congênita" em *Obreiros da Vida Eterna* (p. 32-34), numa palestra do Dr. Barcelos, psiquiatra desencarnado, relatada no livro *Nosso Lar*:

"Precisamos divulgar no mundo o conceito moralizador da *Personalidade Congênita*, em processo de melhoria gradativa, espalhando enunciados novos que atravessem a zona de raciocínios falíveis do homem e lhe penetrem o coração, restaurando-lhe a esperança no eterno futuro e revigorando-lhe o ser em suas bases essenciais. *Falta às teorias de Sigmund Freud e seus continuadores a noção dos princípios reencarnacionistas.* As noções reencarnacionistas renovarão a paisagem da vida na crosta da Terra, conferindo à criatura não somente as armas com que deve guerrear os estados inferiores de si própria, mas também lhe fornecendo o

remédio eficiente e salutar... Faltam aos nossos companheiros de Humanidade o conhecimento da transitoriedade do corpo físico e o da eternidade da vida, do débito contraído e do resgate necessário, em experiências e recapitulações diversas."

Essa noção da Personalidade Congênita que o Dr. Barcelos pede que se divulgue pela crosta terrestre é nossa personalidade das vidas passadas, nesses últimos séculos, é a personalidade que apresentamos desde que nascemos, o que diferencia um irmão de outro, numa mesma família, e é onde se encontra e se identifica nossa proposta de Reforma Íntima. Por isso ele pede, e estamos seguindo sua orientação, que essa noção seja difundida na Terra, para que todas as pessoas saibam, baseando-se nela, para o que reencarnaram. Esse é o pilar básico da Psicoterapia Reencarnacionista, e é onde encontramos nossa proposta de Reforma Íntima, a finalidade dessa nova Escola.

Porém, tão importante quanto isso é ajudar as pessoas em tratamento e os alunos nos Cursos de Formação a entenderem e começarem a mudar o que o Dr. Barcelos chama de "raciocínios falíveis do homem", que nós chamamos de "versão-persona", a maneira como enxergamos e entendemos nossa infância quando éramos crianças e continuamos enxergando e entendendo durante toda a nossa vida, baseada nas "ilusões dos rótulos das cascas" – na verdade, o personagem que nosso Espírito assume a cada encarnação. A finalidade da Psicoterapia Reencarnacionista é nos ajudar a encontrar a "Versão-Espírito" da infância que co-criamos ("pedimos") e da vida que estamos criando, que é a maneira como nosso Eu Superior e os Mentores Espirituais enxergam e entendem os fatos de nossa vida, desde o útero até o dia de voltar para Casa. A mudança da "versão-persona" (consciencialmente infantil) para a "Versão-Espírito" (adulta), uma baseada em uma interpretação equivocada e a outra sendo uma interpretação superior, é o objetivo da Psicoterapia Reencarnacionista, que, para isso, conta com a ajuda indispensável de sua ferramenta: a Regressão Terapêutica, as "Sessões de Telão" aqui na Terra.

A Terapia de Regressão atualmente está evoluindo para uma Psicoterapia com Regressão, e a Psicoterapia Reencarnacionista é pioneira nesse sentido. Mas, infelizmente, ainda é rejeitada pela Psicologia desta vida apenas por ser "religiosa", e por segmentos do movimento Espírita por supostamente infringir a Lei do Esquecimento, o que não corresponde à verdade, advindo de uma leitura e interpretação rápida e superficial de uma psicoterapia enviada pelo Mundo Espiritual, a mesma utilizada quando lá estamos, desencarnados, preparando-nos para voltar à Terra para mais uma jornada de entendimento e libertação.

Ajudamos as pessoas a encontrarem sua Personalidade Congênita, ao longo de 3 ou 4 sessões de Regressão que oportunizamos durante o tratamento, quando seus Mentores escolhem as encarnações passadas que elas irão acessar. Como se fosse no Telão que existe no Mundo Espiritual, comandado pelos Mentores das pessoas, aqui na Terra temos a Regressão Terapêutica, que deve ser também, obrigatoriamente, comandada por eles. Para a Psicoterapia Reencarnacionista, além da finalidade clássica (TVP) de desligamento de situações traumáticas do passado para melhorar ou curar sintomas focais, como Fobias, Transtorno do Pânico, Depressões severas, dores físicas crônicas etc., as sessões de Regressão são oportunidades que os Mentores proporcionam para que as pessoas possam ver, em sua tela mental, como eram nas encarnações passadas que lhes está sendo permitido acessar, para compararem-se como são hoje e saber, então, quais as inferioridades que vêm apresentando há várias encarnações e ainda atualmente, como vem sendo sua evolução espiritual através dos séculos, entenderem para o que vêm reencarnando nessas últimas encarnações e para o que reencarnaram desta vez, ou seja, qual sua Programação para esta vida e qual sua proposta de Reforma Íntima. Assim, poderão perceber como, a cada encarnação, nos equivocamos na maneira de nos enxergarmos e de enxergarmos os outros e os fatos da vida ("versão-persona"). É como se um ator incorporasse totalmente seu personagem, acreditando que realmente é ele, até que, ao fim da peça, volta a recordar que estava apenas travestido daquele personagem, que era apenas uma roupa, uma fantasia que, em casa, pode despir e voltar a ser o que é realmente: um Ser Espiritual. Aqui na Terra acreditamos ser nossos rótulos, mas no Mundo Espiritual relembramos que somos gotas de Luz. O retorno da Reencarnação à memória da maior parte da humanidade vai fazer com que, gradativamente, nos próximos séculos, alcancemos a igualdade social e o fim do racismo e das guerras. Essas ilusões, chamadas Maya, são a causa de todo o sofrimento do ser humano, esquecido de que faz parte de Deus, acreditando na ilusão da individualidade.

Explicando melhor: o que diferencia a Psicoterapia Reencarnacionista da TVP clássica é que, para esta, a finalidade maior é o desligamento das pessoas de situações traumáticas de seu passado para melhorar ou curar transtornos ou patologias, interrompendo a história que está sendo recordada durante seu desenrolar, adotando alguns procedimentos para que a pessoa elimine aquilo de dentro do Inconsciente e sinta-se melhor ou mesmo se cure de sintomas focais, como as Fobias, o Pânico, as Depressões severas, a Fibromialgia etc. Mas nós, psicoterapeutas reencarnacionistas, almejamos muito mais do que isso, queremos que encontrem a sua Personalidade Congênita e, assim, o entendimento de sua proposta de Reforma Íntima, e libertem-se de sua "versão-persona". Cada "Sessão de Telão" aqui na Terra é uma viagem de autoconhecimento de alguns séculos para que percebamos se estamos ou não aproveitando nossas passagens pela Terra, se estamos evoluindo espiritualmente ou não, nos reformando ou não, em um processo profundo e gradativo de autolibertação de nós mesmos. Dessa maneira, amplia-se enormemente o campo de investigação terapêutica, para muito além da infância atual. Mas com o Método ABPR, além de encarnações passadas, após cada uma delas, a recordação alcança os períodos intervidas subsequentes, oportunizando a recordação dos entendimentos, das lições e dos aprendizados quando estávamos no Mundo Espiritual, nos preparando para reencarnar.

A Psicoterapia com Regressão é o embrião da Psicologia do século 21, que englobará a Reencarnação. Estamos colaborando na construção dessa nova Psicologia, que tem a finalidade de ajudar na aceleração da evolução espiritual da humanidade. Psicologia significa *Psyqué* (Alma) e *Logia* (Estudo), e este é o objetivo da Psicoterapia Reencarnacionista: tratar a evolução de nossas almas e não os conflitos ilusórios entre nossos ilusórios personagens terrenos. No período intervidas, assistindo ao Telão, recordamos para o que havíamos reencarnado na última descida à Terra e as frases mais ouvidas lá são: "Ah, se eu lembrasse", "Ah, se eu soubesse" e "Não te preocupes, terás nova oportunidade". Pois bem, é chegada a hora de lembrarmos aqui, de sabermos aqui, durante a vida encarnada, para o que reencarnamos e qual nossa proposta de Reforma Íntima, a fim de realmente aproveitarmos essa passagem, no sentido da evolução espiritual. E sempre lembrando que já estamos na nova oportunidade. Porém, todo esse trabalho psicoterapêutico não pode estar nas mãos de Espíritos encarnados, os terapeutas, mas, sim, sob o comando dos Seres Espirituais. A obediência à orientação contida na questão 399 de *O Livro dos Espíritos* é o porto seguro onde devem atracar os navios de nosso entendimento. O aprendizado da humildade e da submissão ao comando superior é obrigatório para o bom exercício dessa Missão. Sem isso, os terapeutas de regressão, com grande frequência, ainda que bem-intencionados, provocam sérias infrações kármicas em seus pacientes, e agravam seu próprio karma.

É importante salientar que as situações kármicas interpessoais (o que houve em outras vidas, entre pais e filhos, entre irmãos, entre casais etc.), em 99% das vezes, não são mostradas pelos Mentores, ou seja, a curiosidade das pessoas em saber o que e quem elas e o pai, a mãe, o namorado, a namorada, o marido, a esposa, algum filho etc. foram em outras épocas não é atendida por seus Mentores, que focam prioritariamente sua Personalidade Congênita e seu raciocínio equivocado na Terra, ou seja, as pessoas veem como foram nas vidas passadas que acessam, de acordo com a orientação do Dr.

Barcelos, e entendem que sua libertação passa pela subida da fixação em seu umbigo para o coração e de si mesmas para o Divino.

E pelo menos comigo, nesses quase 20 anos, em cerca de 10 mil pessoas, nenhum Rei ou Rainha veio me visitar, apenas camponeses, soldados, donas de casa... pessoas comuns em vidas comuns. Talvez por eu ser um médico e psicoterapeuta brasileiro, tupiniquim. Não sei com outros colegas.

UMA VISÃO ESPIRITUAL DAS FOBIAS, DO TRANSTORNO DO PÂNICO, DA DEPRESSÃO SEVERA, DAS DORES FÍSICAS CRÔNICAS ETC.

Diferentemente da visão tradicional, a Psicoterapia Reencarnacionista traz um entendimento bem diferente a respeito das Fobias, do Pânico, da Depressão severa, das dores físicas crônicas etc., comumente considerados como doenças, patologias, transtornos, enfim, algo ruim. Esse novo entendimento enxerga esses sintomas como uma tentativa de nosso Espírito exonerar, "botar para fora", situações traumáticas de outras encarnações, em uma tentativa de limpar-se, purificar-se. Para isso, necessita libertar-se de tudo que adquiriu enquanto aqui na Terra, eliminando essas situações, que jazem escondidas dentro do Inconsciente. Os sintomas são ruins, mas a intenção do Espírito é boa, benéfica, desde que o terapeuta colabore com ele e auxilie os Mentores na abertura do Inconsciente das pessoas para que ocorra essa drenagem. É exatamente isso que a Regressão Terapêutica pelo Método ABPR faz. As situações traumáticas, as dores do passado, tudo que precisamos eliminar de nosso Inconsciente é escolhido pelos Seres Espirituais, e somos seus auxiliares, desde que tenhamos uma verdadeira humildade, um desapego necessário para obedecê-los e uma corajosa submissão para ocuparmos esse lugar.

Embora os medicamentos comumente utilizados para baixar a adrenalina e aumentar a serotonina proporcionem uma (falsa) sensação de melhora, as situações traumáticas que vivenciamos em nossas vidas passadas permanecem dentro do Inconsciente, querendo sair. Por isso, as pessoas melhoram com os tratamentos químicos, mas não se sentem verdadeiramente bem. Todos nós trazemos traumas, medos, tristezas e dores em nosso Inconsciente, oriundos de outros séculos, e tudo isso está lá dentro, escondido. São "impurezas" que necessitam ser eliminadas para que nosso Espírito fique "limpo", em sua busca de retorno à Purificação. Quando chega o momento de nos libertarmos dessas situações, elas começam a se aproximar da linha divisória que separa o Inconsciente do Consciente, tentando aflorar, sair lá de dentro, para nos libertarmos delas. A pessoa, então, começa a sentir os sintomas que estão querendo sair, como o medo, a angústia, a tristeza, a solidão, a dor física, e tudo isso costuma ser diagnosticado com o nome de Fobia, Transtorno do Pânico, Depressão severa etc., sendo, também, a origem de muitas dores físicas crônicas sem um diagnóstico firmado e sem um tratamento realmente convincente, como a Fibromialgia. Ou seja, chama-se uma tentativa de limpeza do nosso Inconsciente de "doença" e usam-se medicamentos que apenas paliam mas mantêm as situações traumáticas lá dentro, ao invés de abrir um espaço para que elas saiam e tudo possa ser resolvido em um curto espaço de tempo, sem a necessidade de medicamentos.

As pessoas que sentem esses sintomas estão tendo a oportunidade de poderem, finalmente, libertar-se dessas situações traumáticas, desses medos, dessas angústias, dessas dores, mas, para que isso aconteça, é necessário que profissionais sérios, competentes e responsáveis, humildes, obedientes e submissos ao Mundo Espiritual colaborem nessa abertura do Inconsciente e ajudem para que elas saiam, sejam exoneradas. As pessoas que sofrem de Fobias, Pânico, Depressão severa, dores crônicas etc. podem aproveitar a oportunidade para se libertarem dessas situações de seu passado, não com medicamentos químicos caridosos, generosos, porém apenas paliativos, e sim com a exoneração do material psicopatogênico que quer sair. O Espírito quer libertar-se daquilo, nós auxiliamos, somos seus aliados e o ajudamos a fazer essa cura, de uma maneira simples, rápida e maravilhosa, embora ainda uma cura parcial, pois a Cura Verdadeira é a volta do Filho ao Pai, o retorno à Purificação, pois apenas o Puro fica São. Vamos, assim, nos curando das dores físicas e psicológicas advindas da imersão nas ilusões da vida na Terra, até, um dia, nos curarmos realmente, nos reintegrando ao Divino e Nele desaparecermos.

Os psicólogos e os psiquiatras, por não lidarem com a Reencarnação, devido à concepção católica não reencarnacionista pós-Concílio de Constantinopla herdada e assimilada por nossa cultura terrena, sempre procuram buscar, geralmente sem sucesso, de onde vêm esses sintomas, se da infância ou do passado recente de seus pacientes, e o tratamento quase sempre é constituído de sessões de terapia, técnicas específicas e medicamentos químicos, que frequentemente aliviam os sintomas e melhoram a vida das pessoas, mas dificilmente promovem uma cura real. Tudo aquilo continua lá dentro, querendo sair, mas não consegue sozinho, necessita de alguém que ajude a abrir a porta para que possa sair. A Fé verdadeira, a entrega de sua vontade a Deus, o Religamento verdadeiro através do coração, pode promover isso, mas ainda é inacessível para a maioria das pessoas, então são necessárias as Sessões de Regressão para que seus Mentores façam o que elas poderiam fazer sozinhas.

Muitas vezes, os pesadelos são regressões espontâneas, mas, no momento crítico da situação, a pessoa acorda sobressaltada, acreditando que foi um sonho ruim, mas não foi, e é o que, muitas vezes, irá aparecer nas sessões de Regressão. Só que, aí, a recordação sobrepujará o momento crítico e, no nosso Método, irá estender-se até a recordação da morte na vida passada que foi acessada, a lembrança do desencarne e da subida para o Mundo Espiritual, até percebermos que tudo passou, que todas as ressonâncias daquela encarnação já passaram, o que chamamos de "Ponto Ótimo", e aí termina a Regressão, ou surge outra encarnação e repete-se o procedimento.

Então, os sintomas são ruins, mas a intenção é boa, e nós colaboramos com essa intenção, abrimos uma frestinha e esse material pôde sair. É uma cura de resíduos de outras encarnações, e podemos aproveitar a atual encarnação para promover essa exoneração ou então deixar para alguma outra, quando se repetirá a mesma tentativa do Espírito de libertar-se desse material.

PREFÁCIO

Este livro – *Tratando Fobia, Pânico e Depressão com Terapia de Regressão* – quer mostrar para as pessoas que sofrem desses incômodos que é possível melhorar muito e até mesmo curar-se deles e viver uma vida normal, mas para tanto é necessário que sejam encontradas as situações que os originaram, e isso, na imensa maioria dos casos, está em outras encarnações.

No Brasil, na contramão da história, ao contrário de outros países, a Psicologia e a Psiquiatria ainda não se abriram para a Reencarnação, pois são herdeiras psicoterápicas da decisão católica do II Concílio de Constantinopla, de 553 d.C., quando foi decidido que ela não existia, e essas Instituições ainda não perceberam que estão seguindo uma das decisões mais trágicas para a Humanidade, que tirou o sentido da vida, eliminou o entendimento da finalidade de nossa existência, afastou-nos de nossa origem e destino espirituais, do Caminho de volta para o Todo, do que vai acontecendo com o passar das encarnações e com nossa progressiva evolução moral.

Esse fatídico decreto aumentou o medo, a insegurança, a solidão, a tristeza, o materialismo, a futilidade, o Pânico, o suicídio, o racismo, as diferenças sociais, o "aproveitar a vida". E tudo isso pode ser revertido pela lembrança de que somos Espíritos eternos, de que somos todos irmãos e estamos de passagem pela Terra mais uma vez, em busca de mais evolução espiritual, e de que devemos nos aproximar, nos conhecer, nos respeitar, trabalhar pela Paz, pelo Amor, pela Irmandade, pela Cooperação, pela Integração de toda a raça humana em busca de um objetivo em comum: fazer desta Terra novamente um Paraíso.

Neste livro, mostrarei inicialmente a visão tradicional, orgânica, não reencarnacionista, desses incômodos e depois a visão reencarnacionista. Os terapeutas de regressão sabem que esses sintomas vêm, em sua imensa maioria, de nossas vidas passadas. E isso pode ser tratado, na busca de uma solução verdadeira, acessando nosso Inconsciente por meio da Terapia de Regressão, abrindo-o, retomando os passos do Dr. Freud. Nos textos a respeito da visão tradicional, destaco em negrito e enumero alguns aspectos que comento a seguir, na visão reencarnacionista. Coloquei alguns Casos de Regressão de pessoas com esses incômodos, que mostram que a origem dos sintomas das Fobias, do Pânico e da Depressão geralmente está em nossas encarnações passadas e que, enquanto a Psicologia e a Psiquiatria não se libertarem dessa crença religiosa não reencarnacionista e não agregarem a Reencarnação a seu raciocínio, diagnóstico e tratamento, continuarão impossibilitadas de realmente entender os sintomas desses sofredores e de encontrar a explicação e uma possível e rápida solução definitiva para esses resíduos do passado.

Tratando
Fobia
com terapia de regressão

CAPÍTULO 1
O QUE É FOBIA?

A VISÃO TRADICIONAL

O termo Fobia origina-se do grego *Phobia,* que significa medo intenso ou irracional, aversão, hostilidade. É o medo persistente, **excessivo e irreal**[1] de um objeto, pessoa, animal, atividade ou situação. É um tipo de distúrbio de ansiedade. Uma pessoa com Fobia tenta evitar a situação que ativa seu medo ou então a enfrenta, mas com muita angústia. Algumas Fobias são específicas; por exemplo, uma pessoa pode ter medo só de aranhas (**Aracnofobia**[2]) ou de gatos (**Galeofobia**[3]) e, ainda assim, viver relativamente livre de ansiedade, evitando o que teme. Outras causam dificuldade em uma variedade maior de lugares ou situações; por exemplo, o medo de alturas (**Acrofobia**[4]), bastando a pessoa olhar para fora da janela de um apartamento, dirigir sobre uma ponte elevada ou até mesmo assistir a cenas de altura no cinema ou na televisão. O medo de espaços fechados (**Claustrofobia**[5]) pode ser ativado ao entrar em um elevador, em um recinto fechado etc. As pessoas com essas Fobias geralmente necessitam alterar de maneira drástica suas vidas, e em casos extremos uma Fobia pode ditar a profissão da pessoa, seu local de trabalho, seu roteiro ao dirigir, suas atividades sociais ou até mesmo o ambiente de sua casa. Segundo a Organização Mundial da Saúde (OMS), 15% da população mundial sofre de algum tipo de Fobia.

A VISÃO REENCARNACIONISTA

1. Excessivo e irreal: Para as pessoas que sofrem de Fobia, é horrível e muito traumático ouvir que seus sintomas são "excessivos e irreais". É como o caso de quem ouve vozes e vê seres e a Psiquiatria tradicional lhes diz que isso não existe, que é irreal. Como assim, irreal? Existem pessoas que enxergam e ouvem vozes de Espíritos e outras não. Uma vez, assisti a um filme em que uma menininha e um menininho discutiam se Papai Noel existia ou não, cada um tinha uma ideia, um de que não existia, o outro de que existia. Um senhor idoso, que escutava a discussão, se aproximou e disse: "Crianças, não se pode provar que Papai Noel existe, mas também não se pode provar que não existe". É como as vozes que muitas pessoas ouvem e os seres que afirmam ver. Existem ou não existem? A Psiquiatria afirma que não, que é doença, é esquizofrenia, necessita o uso de medicamentos, mas o Catolicismo, as Igrejas Evangélicas, o Espiritismo, a Umbanda e o Judaísmo afirmam que existem, são Espíritos. Os psiquiatras geralmente são de uma dessas religiões, então por que, quando em seu consultório, não acreditam que algumas pessoas possam ter a capacidade de ver ou ouvir vozes de Espíritos desencarnados? No caso dos sintomas "excessivos e irreais" das Fobias, não são excessivos e muito menos irreais, são realmente fortes e intensos porque, naquele momento em que a pessoa está tendo os sintomas, ela está muito mais em uma encarnação passada do que aqui, no momento presente. Quando uma pessoa tem Fobia de lugares fechados e entra em pânico dentro de um elevador, começa a ficar nervosa, a suar, quer sair dali a qualquer custo, começa a gritar e a bater nas paredes, e alguém até pode lhe dizer: "Fulano, é só um elevador, te acalma!". Não adianta, não é no elevador que ela está, é em um buraco em uma vida passada onde ficou muito tempo presa, é dentro do caixão onde seu corpo morto foi colocado e ela ficou (em Espírito) por muito tempo, é num desabamento ou num soterramento onde morreu, é numa cadeia onde está para ser executada; enfim, ela está em pânico em um lugar fechado em outra encarnação. Dentro do Inconsciente não existe tempo, tudo é presente e, quando uma situação do passado entra em atividade, aquilo está acontecendo, mas a pessoa com Fobia não sabe por que entrou em pânico, e isso não é irreal nem excessivo, é real e bem intenso.

Normalmente, todos nós estamos sintonizados em situações de vidas passadas. No caso dos pacientes "fóbicos", eles estão sintonizados em algumas antigas situações que permanecem dentro de seu Inconsciente inativas quando não estão diante de algo parecido com o que aconteceu no passado, mas quando se deparam com uma situação que ressona lá dentro, fazem uma regressão espontânea e "vão para lá", ou seja, naquele momento é como se estivessem 80% ou mais lá e 20% ou menos aqui, e então entram em pânico! E aí dizem que o que sentem é "excessivo e irreal". A possibilidade de solução? Recordar aquela situação e seu final, recordar aquela vida até o fim e desligar-se dela. Além de a pessoa desligar-se da situação patogênica, passa a entender que não era louca, tampouco manhosa, exagerada ou manipuladora, estava apenas sintonizada em uma ou mais situações de vidas passadas que a traumatizaram e para onde ela ia quando se deparava com uma situação similar na vida presente.

2. Aracnofobia: Para quem já tem uma boa experiência com Regressão, essa terapia é simplesmente um exercício de racionalidade. Mas o que isso significa? Quando alguém afirma que tem Fobia de lugares fechados, onde ela está sintonizada em seu passado? Em um lugar fechado, é claro, onde aconteceu alguma coisa altamente traumática, ou onde foi colocada à força, permanecendo lá por muito tempo, ou até morrer. E quando alguém afirma que tem Fobia de aranhas, onde ela está sintonizada? Em uma situação em outra encarnação em que havia muitas aranhas, como um buraco na terra, uma caverna etc. Então, quando a pessoa não está exposta à visão de uma aranha, está nesta vida atual, mas quando surge uma aranha, regride espontaneamente para aquele lugar em seu passado onde havia aranhas, e como lá ela estava em pânico por causa delas, entra em pânico agora também! E ainda lhe dizem que seu medo é excessivo e irreal... Por causa disso, trata-se durante anos, usa medicamentos, sofre, se angustia, recebe desconfiança e ironia por parte dos outros, quando necessitaria, apenas, encontrar a situação que originou essa Fobia, recordá-la, desligar-se dela e resolver o problema.

3. Galeofobia: Tratei poucas pessoas com Fobia de gatos, mas lembro-me de que todas acessaram situações de outras encarnações em que foram atacadas por leões, tigres ou animais similares. Quando enxergam um simples gatinho, seu Inconsciente enxerga aquele animal enorme e elas entram em pânico!

4. Acrofobia: Vamos fazer um teste: Quando uma pessoa sofre de Fobia de lugares altos, em que tipo de situação ela está sintonizada em seu passado: 1) Em um lugar baixo ou 2) Em um lugar alto? A resposta correta é a 2 (em um lugar alto), e naquela encarnação ela caiu (ou jogou-se ou foi jogada) de uma montanha, seu avião foi abatido em uma guerra, suicidou-se arrojando-se de uma ponte etc. E hoje, quando ela está em um lugar alto, olha pela janela de um apartamento, vê uma cena de altura na TV, o que acontece? Faz uma regressão espontânea e vai para aquela situação de seu passado, e entra em pânico.

5. Claustrofobia: Vamos ver se você é um bom aluno. Quando alguém sente muito medo em um lugar fechado e entra em pânico, em que tipo de situação de outra encarnação está sintonizado até hoje? Acertou quem disse "em um lugar fechado". Muito bem, parabéns, você acertou.

CAPÍTULO 2
OS TIPOS DE FOBIA

A VISÃO TRADICIONAL

Fobia específica (Fobia simples)

É a forma mais comum de Fobia. Nesse tipo as pessoas podem temer certos **animais**[1] (cachorros, gatos, aranhas, cobras etc.), **pessoas**[2] (palhaços, dentistas, médicos etc.), ambientes (**lugares escuros**[3], **tempestades**[4], **lugares altos**[5] etc.) ou situações (viajar de avião, atravessar túneis, ficar preso em congestionamentos etc.), ver **sangue**[6], dirigir etc. Embora a causa das Fobias específicas permaneça um **mistério**[7], essas condições são pelo menos em parte **genéticas**[8] (herdadas) e parecem ocorrer em outros membros de uma família. A Hidrofobia consiste no medo intenso de água, o **medo de afogamento**[9]. Ela pode ter origem na infância ou no útero e estar relacionada a algum trauma ocorrido com líquidos. Pode desaparecer na puberdade ou prolongar-se até a fase adulta. Na Hipocondria (**Fobia de doença**[10]) existe o pavor de ficar doente e essas pessoas vão de médico em médico e de todos recebem um diagnóstico negativo quanto a uma doença física, pois seu mal é psicológico.

Mas raramente se conformam com isso e continuam consultando, na esperança de que algum médico encontre a causa de seus sintomas, mas isso não acontece e elas vão ficando desiludidas, pois sentem-se doentes, têm sintomas, mas nada aparece aos exames clínicos ou laboratoriais, mesmo os mais sofisticados.

Fobia social (desordem de ansiedade social)

Nesse tipo de Fobia as pessoas têm medo de situações sociais, onde **possam ser humilhadas ou julgadas pelos outros**[11], ou um medo de **passar vergonha**[12] na frente de outros. Elas ficam particularmente ansiosas quando pessoas pouco conhecidas estiverem envolvidas nessas situações. O medo pode ser limitado ao desempenho, como falar em público, na escola, fazer uma palestra, apresentar um trabalho, fazer uma prova oral etc. E pode ser mais generalizado, de forma que a pessoa fóbica passa a evitar situações sociais, como ir a festas, comer em público ou usar um sanitário público. A Fobia social aparece em **outros membros de uma mesma família**[13]. Pessoas que foram **tímidas na infância**[14], que têm uma história de experiências sociais infelizes ou "negativas na infância", parecem ter **propensão a desenvolver essa desordem**[15]. Outro exemplo: **assinar cheques ou escrever na frente dos outros**[16], falar com **figuras de autoridade**[17] etc. A **Agorafobia**[18] é um medo de estar em lugares públicos, de onde seria difícil e embaraçoso sair subitamente, ou, então, onde o auxílio pode não estar disponível. Isso inclui estar fora de casa desacompanhado, no meio de multidões, preso numa fila ou, ainda, viajar desacompanhado. Uma pessoa com Agorafobia pode evitar ir ao cinema ou a shows, viajar de ônibus ou trem etc. O termo Agorafobia significa, literalmente, medo da *Ágora*, as "praças de mercado" onde se enforcavam condenados em sessões públicas. A pessoa que sente Agorafobia vivencia uma ansiedade classificada como antecipatória. O medo e a sensação de mal-estar podem ser tão fortes a ponto de ocasionar um episódio de Pânico.

A VISÃO REENCARNACIONISTA

1. Fobia de animais: Praticamente em todos os casos de Fobia de animais, nas regressões as pessoas encontraram um ataque de algum animal em encarnações passadas, um animal feroz, tigre, lobo etc. Isso já vem registrado dentro do Inconsciente da pessoa, de maneira que, geralmente, desde criança tem medo de cachorro, de gato, e pode entrar em pânico quando se depara com um animal desses, ainda que seja pequeno ou até mesmo um filhote! Nesse momento de medo "excessivo e irreal", a pessoa está regredida para a situação da vida passada em que está na iminência de ser ou até mesmo já está sendo atacada por um animal feroz! Ou seja, o gatinho de agora é o tigre de ontem, o cachorrinho é o lobo lá...

2. Fobia de certas pessoas: Imagine uma criança que tem muito medo de palhaço. Seu pai e sua mãe brincam com ela, querem que se aproxime, toque no palhaço, mas ela entra em pânico, chora, quer colo, quer sair correndo, as pessoas riem, dizem que é coisa de criança. Naquela noite ela não dorme bem, o pai ou a mãe têm de dormir com ela, de mão dada, fica muito agitada, quando consegue dormir tem pesadelos, grita, acorda, enfim, é uma noite terrível. A partir do dia seguinte, está estranha, com olheiras, não quer ir à Escola, não quer sair de casa, diz que tem medo, o palhaço pode estar lá fora, os pais vão ficando bravos, perdendo a paciência, ameaçam até lhe dar umas palmadas se não parar com essa bobagem... Bobagem? Está começando o calvário de milhões de pessoas que, quando adultas, sofrendo de Fobia ou Transtorno do Pânico ou Depressão, afirmam que isso começou na infância, às vezes até se lembrando da situação que a originou. Não começou na infância, se tivesse começado ali não seria tão forte e duradouro, começou em uma encarnação anterior, na presença de alguém com roupas vistosas, espalhafatosas, quando algum ritual de magia negra, ou sacrifício humano, algo assim, aconteceu, e isso estava inativo dentro de seu

Inconsciente, até que a visão do palhaço fez a situação ativar-se e ocorrer uma regressão espontânea, iniciando a Fobia. E as Fobias de dentista ou médico? Sentado, à mercê de alguém, na iminência de sentir dor, com pouca ou nenhuma possibilidade de defender-se, de enfrentar, o que terá acontecido em outra época similar a isso? Uma tortura? Um julgamento?

3. Fobia de lugares escuros: Em todas as regressões de pessoas com essa Fobia, elas acessaram uma ou mais encarnações passadas, o útero atual ou uma situação na infância em que estavam em um lugar escuro, com muito medo ou em pânico. Recordaram a situação, o seu término, até estarem bem, e curaram os sintomas de sua sintonia com aquele momento. É interessante a observação de que, geralmente, as situações se repetem, encarnação após encarnação, ou seja, uma pessoa que se queixa de alguma Fobia acessa, nas 3 ou 4 sessões de regressão do tratamento, algumas situações similares. No caso da Fobia de lugares escuros, em algumas encarnações ela vivenciou essa situação e necessita recordar todas elas, uma a uma, até o final da situação, até ter terminado o trauma naquelas ocasiões. É como se o Inconsciente necessitasse recordar que aquilo já passou, e aí então a Fobia desaparece.

4. Fobia de tempestades: Essa Fobia vem de situações de outras encarnações em que a pessoa estava em uma tempestade e aconteceu uma inundação, um incêndio, perdeu a casa, ou então morreu, ou alguém de sua família, enfim, uma situação extrema em que algo muito grave aconteceu. Quando, na vida atual, o tempo começa a fechar, ameaça chover ou começam raios e trovões, ela faz uma regressão espontânea para aquela situação e entra em pânico!

5. Fobia de lugares altos: A pessoa estava em um lugar alto em uma vida passada e caiu, ou foi jogada, ou viu isso acontecer com um amigo ou parente. Quando hoje chega à janela de seu apartamento, está em um elevador ou vê uma cena de altura na TV, vai regredindo, regredindo, até chegar na situação original, e então entra em pânico! Você está achando tudo muito repetitivo e racional? Fobia de tempestade, a causa foi uma tempestade; Fobia de lugares altos, a causa foi um lugar alto... O que posso fazer? É assim mesmo. Por que alguém teria uma Fobia de algo que não tivesse vivenciado?

6. Fobia de sangue: Esses casos de Fobia vêm de situações em que a pessoa morreu com muito sangramento, pode ter sido num ferimento com lança ou espada, em uma batalha, guerra, acidente, cirurgia, algo assim. E isso ficou impresso em sua memória, de maneira que, hoje, quando ela vê uma cena de sangue na TV, ou tem de ir a um hospital, ou se machuca e sai sangue, ou vê alguém sangrando, regride e volta para lá... A regressão traz o desligamento e o entendimento de por que tem isso.

Um indivíduo veio consultar por causa de uma grande ansiedade, não podia ver sangue, entrar em hospitais, tirar sangue, fazer exames, tinha a sensação de que algo muito ruim poderia acontecer. Ele mesmo, às vezes, se achava um fiasquento, afinal de contas era homem... Vejam, em seu depoimento, de onde vinha isso e como ele está hoje, após sua regressão e melhora significativa:

"Em meados de abril de 2007, decidi procurar a Terapia de Regressão. Nunca havia participado de experiência parecida, mas acreditava, como acredito, que grande parte de nossos problemas tem origem em acontecimentos ocorridos nas sucessivas vidas que tivemos. O que me fez procurar essa terapia foi a necessidade de resolver uma espécie de Fobia que possuía. Tenho muita dificuldade em relaxar fisicamente, estou sempre apreensivo, como se sempre estivesse na iminência de ocorrer algo de ruim, algum acidente, algum ferimento em mim ou em outra pessoa, oriundo nem mesmo sei de onde... Um medo de ter que vivenciar algo traumático que envolva sangue. Era um constante estado de alerta. Na primeira sessão de regressão, me vi um homem, sendo perseguido, com uma mulher jovem e uma menina, nós correndo pelas ruas de mãos dadas. Parecia ser um local onde ocorria uma revolta nas ruas, um conflito armado, talvez uma batalha de uma guerra, com muita agitação. Eu vestia trajes parecidos com militares. Em um determinado momento, sou alvejado pelas costas e caio. A jovem que me acompanha se aproxima de onde estou caído, afaga minha cabeça e chora. Nesse momento ouço também o choro da menina, que é levada por outras pessoas em meio à confusão. Tenho a impressão de que escorre sangue de minha boca, sinto muita dor nas costas, estou morrendo. Saio do meu corpo, no Mundo Espiritual, recebo um tratamento, uma fluidificação no local nas costas onde fui alvejado. Lá é um lugar calmo, tranquilo. Quando chego, sou recebido por alguém que parece ser minha falecida avó (atual). Hoje, tenho um problema de coluna em que, segundo os médicos, seria necessária uma intervenção cirúrgica, mas desde as regressões tive uma sensível melhora, como se a descoberta da possível marca perispiritual causasse um alívio nos sintomas físicos atuais e o desligamento daquela situação. Pude perceber claramente que minha Fobia, meus medos, temores e inseguranças têm a ver com meu passado naquela vida. O medo da dor e do sofrimento físico, aliados à Fobia a sangue e hospitais, pode ter sido causado pelas experiências traumáticas com aquela morte e seu período de recuperação. Hoje consigo enfrentar situações outrora bastante conflitantes com mais serenidade e coragem e, dia a dia, tento reafirmar novos propósitos, novas convicções, procurando corrigir padrões emocionais que me induzem a padrões de comportamento errados."

7. **Mistério:** Para quem, como eu, já escutou encarnações passadas de cerca de 10 mil pessoas, não é nenhum mistério. Parece um mistério para os profissionais de saúde emocional e mental que ainda não lidam com a Reencarnação e para as pessoas que "não acreditam" nela. Coloco "não acreditam" entre aspas, pois isso não

é resultado de um intenso estudo a respeito de Reencarnação, de uma pesquisa ampla e profunda, é simplesmente uma opinião. Eu acredito porque a estudo profundamente há quase 20 anos. Então posso dizer que a origem das Fobias não é nenhum mistério.

8. Genético: Não é genético, é pré-genético, vem no molde psicobioenergético.

9. Medo de afogamento: Por que alguém vai ter medo de se afogar, se não se afogou, ou quase, antes? Um medinho, não gostar de se arriscar, não ir fundo no mar, onde não dá pé, no fundo na piscina, eu mesmo não gosto e não vou, mas ter Fobia de água, entrar em pânico? Só se já se afogou, ou quase, em uma vida passada, ou no útero, ou na infância atual, e é isso o que aparece nas regressões. Por exemplo: uma pessoa com Fobia de água acessou uma encarnação passada em que estava em um barco que virou e ela morreu afogada, depois desencarnou, recordou que subiu para o Mundo Espiritual, foi ficando bem, tudo passou. Quando reencarnou, aquele trauma veio dentro de seu Inconsciente, de maneira que, quando não está na água ou perto de água, não sente esse medo, mas se for viajar de navio, entrar numa piscina ou no mar, ou mesmo ver um filme ou documentário na TV que tenha água, aquela situação traumática, escondida dentro de seu Inconsciente, começa a entrar em ativação, e ela vai regredindo para aquele navio, está caindo na água, está se afogando, vai morrer, entra em pânico! Às vezes me perguntam se todas as Fobias vêm de vidas passadas, se não podem ter começado nesta vida atual. Um medo de algo pode ter sua origem na vida atual, uma Fobia não. O que pode é ter acontecido um reforço dentro do útero, no momento do parto, nos primeiros anos aqui fora ou mais tarde, mas se a pessoa não vem com uma situação similar altamente traumática de outra encarnação, o que acontecer hoje pode ocasionar um medinho, um desconfortozinho, mas uma Fobia, o Pânico, uma Depressão severa, só se já reencarnou com isso.

10. Hipocondria: Algumas pessoas que sofreram, em vidas passadas, de doenças graves, de longa duração, com muito sofrimento, vêm para esta vida com essa informação em seu Inconsciente, e qualquer dorzinha, pontada, febre, sensação desagradável, ressona em seu passado e aquela situação entra em ativação! Aqui ela está com uma pontada no peito, lá morreu de uma pneumonia longa... Um dia, essa pessoa começa a sentir dores no abdome, vai ao médico, faz exames clínicos, laboratoriais, radiológicos, todos mostram que não tem nada, mas ela sente a dor, não se conforma, tem de ter alguma coisa, pois sente aquilo. Mas o que é? Numa vida passada, morreu com uma lança cravada na barriga. Seu diagnóstico é Hipocondria, mas na verdade não é, ela está sintonizada em uma encarnação passada. Muitas pessoas acreditam que vão morrer de ataque cardíaco porque, em uma vida passada, morreram assim, com intenso sofrimento, horas e horas de angústia, dor. Outras pessoas têm medo de ter câncer, AIDS, quaisquer doenças graves, perigosas, ameaças à vida, por isso as ajudamos a revisitar seu passado, ver de onde vem isso e desligar-se das situações.

11. Medo de ser humilhado ou julgado pelos outros: Minha experiência ensinou-me que as pessoas que sentem esse medo realmente foram humilhadas e julgadas em vidas passadas. Pode ter sido em um tribunal ou mesmo em um julgamento familiar ou de seu grupo. Nunca vi alguém afirmar que sentia medo de ser humilhado ou julgado sem ter sido mesmo, em outra vida. Algumas vezes, a pessoa teve um pai ou uma mãe muito críticos, julgadores, que exigiam demais dela, só a criticavam, apontavam os erros, equívocos, nunca a elogiavam, e aí parece que essa sua Fobia de ser humilhada, julgada, veio da infância, daquele pai "vilão", daquela mãe "vilã", e o tratamento psicológico é endereçado a isso, para entender seu pai, sua mãe, afinal de contas, eles também tiveram pais rígidos, é o que aprenderam, ninguém dá mais do que pode etc. E aí vão se passando os anos, as diversas psicoterapias, procurando perdoar o pai crítico, a mãe julgadora, até que um dia submete-se a algumas sessões de regressão e descobre que seu medo vem de uma vida passada em que foi julgada e humilhada em um tribunal. Anos e anos de terapia para perdoar seus pais, que já estão velhos, ou até desencarnaram, e que nem eram os "vilões", a não ser que um deles ou ambos estivessem lá naquele júri, mas isso está escondido dentro de seu Inconsciente, e como nós, da ABPR, trabalhamos com a Regressão Ética, em que nunca incentivamos o reconhecimento durante o processo regressivo, conseguindo, assim, conciliar a Terapia de Regressão com a Lei do Esquecimento, muito raramente alguém reconhece alguém durante uma regressão.

12. Medo de passar vergonha: As pessoas que têm esse medo frequentemente passaram vergonha em uma vida passada. Uma era uma empregada doméstica sentindo-se ridicularizada pelos ricos, outro era um mendigo menosprezado pelas pessoas, um terceiro era um serviçal tratado como ser inferior por nobres etc. Podem também ter feito alguma coisa em uma vida passada e foram ridicularizadas, riram delas e hoje têm medo de falar em público, são aquela criança quietinha na aula, que não fala, que fica vermelha quando tem de levantar, quando tem de falar, aí os outros riem dela, a ridicularizam, ela sofre *bullying* e, quanto mais isso acontece, mais aumenta a ação daquela vida passada dentro de seu Inconsciente, mais ela vai se fechando, se calando. Um dia, não querem mais sair de casa, não querem mais conviver com outras pessoas, dizem que todos só querem humilhá-las, ofendê-las... As regressões em crianças podem ser feitas nelas ou em sua mãe ou outro familiar (Regressão à distância, na qual, se autorizado pelos Mentores Espirituais da criança, a pessoa pode acessar a vida em que ela está sintonizada, recordar até o fim daquela vida, desligá-la de lá, e a melhora é muito grande e rápida).

13. Fobia social que costuma aparecer em outros membros da mesma família: O que é uma família? É um agrupamento de Espíritos encarnados próximos, ligados por cordões energéticos de afinidade ou divergência. Às vezes, algumas pessoas de uma mesma família apresentam a mesma Fobia e, ao fazerem regressão, descobrem que estavam naquele barco, naquela tempestade, naquela guerra, naquele terremoto, naquele ataque etc., ou seja, passaram pela mesma situação em uma vida anterior.

14. Timidez na infância: O pilar básico da Psicoterapia Reencarnacionista é a Personalidade Congênita, que diz: "Nós somos como somos porque nascemos assim". Existe conceito mais simples do que esse? E somos assim porque na encarnação anterior já éramos assim, e vimos repetidamente sendo assim há séculos, em diversas encarnações. Por que uma criança é tímida e seu irmão é extrovertido? Por que uma criança é medrosa e outra é arrojada, intrépida? Bastaria que a Psicologia e a Psiquiatria se libertassem daquela decisão do II Concílio de Constantinopla, de 553 d.C., e aderissem ao novo paradigma, reencarnacionista. Dizem que uma timidez intensa tem fundo genético, é ambiental, ou então é simplesmente misteriosa, mas não, é a Personalidade Congênita de que André Luiz fala em *Obreiros da Vida Eterna*, obra psicografada por Chico Xavier e editada em 1946. E na Personalidade Congênita encontra-se a nossa proposta de Reforma Íntima. Vamos fazer um teste: Em sua opinião, como era uma criança muito tímida em uma vida anterior a essa? Tímida. E por que era tímida no passado? O que houve para que ficasse assim? Para saber, precisamos fazer algumas sessões de regressão. Por que uma criança é medrosa? Porque nasceu medrosa. E uma criança que se magoa facilmente, sente-se sempre rejeitada? Nasceu magoada. E uma criança que se acha mais que os outros, é vaidosa, quer ser rica, famosa? Nasceu vaidosa. E outra que se acha menos que os outros, inferior? Nasceu se achando menos. A resposta está na Personalidade Congênita, a base da Psicoterapia Reencarnacionista. E aí está a proposta de Reforma Íntima. Basta entender isso para sabermos qual é a nossa reforma nesta atual encarnação.

15. Propensão a desenvolver esta desordem: Como entender isso sem agregar a Reencarnação ao raciocínio em busca do diagnóstico? Essa propensão vem de vidas passadas, e como, na verdade, não existem vidas passadas, mas apenas o nosso momento atual e o passado, a encarnação atual é somente a continuação de nossa vida eterna. Até o útero é encarnação atual, dali para trás é o passado de nossa vida. O que lembramos chama-se Consciente, o que não lembramos chama-se Inconsciente. A origem dos medos inexplicáveis, do Pânico "sem motivo", das depressões severas resistentes a tratamento, das dores físicas crônicas sem diagnóstico definido, das doenças autoimunes etc., tudo está lá onde ficam as coisas esquecidas.

16. Assinar cheques ou escrever na frente dos outros: Em todos os casos que tive de pessoas com essa queixa, elas encontraram situações antigas em que assinaram documentos, algum decreto, uma petição etc., e isso provocou uma consequência funesta e desagradável em suas vidas, algo que redundou em prejuízo moral, financeiro, sua prisão e até mesmo sua morte. Lá naquela encarnação em que isso aconteceu, sabiam a causa de tudo aquilo; hoje, quando vão assinar um cheque, um documento, uma procuração, fazem uma regressão espontânea e voltam para lá, e então começam a entrar em pânico, a tremer, não querem assinar, mas há pessoas em volta aguardando sua assinatura, e elas estão aqui e lá ao mesmo tempo. A isso chama-se Fobia de assinar cheques ou escrever na frente dos outros e, assim como as demais Fobias, pode ser tratada indo-se até sua origem.

17. Figuras de autoridade: Estou me achando absolutamente repetitivo, mas vamos lá. Digamos que você é uma pessoa que sofre de Fobia de falar com alguém que lhe represente uma figura de autoridade, e isso ocorre desde que era criança, quando tinha de falar com o(a) professor(a), levantar na aula para responder uma pergunta, quando já demonstrava medo de policiais, de pessoas que chegavam a sua casa etc. Você foi crescendo, esse medo foi sendo trabalhado, está melhor, mas quando tem de ir à sala de seu chefe, o coração começa a disparar, quando vai bater à porta tem vontade de desistir, se ele manda entrar, então o coração parece que sai pela boca, e você entra tremendo, não consegue falar, ele parece um monstro! Então você pensa: "O que é isso? Por que me sinto assim?". É porque, naquele momento, está em outra encarnação, diante de um Juiz, por exemplo, em um tribunal, e vai ser julgado por algo que fez ou que lhe atribuem, e provavelmente isso resultou em uma pena severa, como um encarceramento longo ou perpétuo, ou mesmo na pena de morte, por enforcamento, guilhotinamento etc. Na encarnação atual, sempre acreditou que isso era devido ao fato de seu pai, na infância, ter sido muito rígido, ou sua mãe ser muito autoritária, e agora encontra a origem de sua Fobia em outra encarnação, recorda, desliga-se daquela situação, a melhora é rápida. E tantos anos culpando o pai, a mãe... Bem, agora é hora de melhorar sua relação com eles e, quem sabe, em alguma sessão de regressão, entender por que, quando estava lá, no Mundo Espiritual, "pediu" (necessitou de) um pai ou mãe com esse perfil, o que poderá ter feito em alguma encarnação mais anterior àquela que acessou na Regressão. Mas isso já é a Lei do Retorno, é outro assunto.

18. Agorafobia: Interessante que o nome da Fobia de lugares amplos, abertos, seja Agorafobia, uma vez que *Ágora* era o nome que se dava às praças de mercado antigamente. É interessante porque grande parte das Agorafobias tem sua origem em julgamentos, enforcamentos, guilhotinamentos e outras situações traumáticas acontecidas quando a pessoa estava numa dessas praças! Naquele tempo, quando não existia televisão, esse tipo de acontecimento era realizado em praça pública, e os réus, os condenados à morte, eram executados ali mesmo, na presença do povo. Imaginem o trauma de ser executado nesses locais, numa espécie de palco, sob o olhar daquele povo todo e, provavelmente, alguns gritando impropérios, rindo, debochando, os amigos e familiares sofrendo, chorando... Tudo isso permanece dentro de seu Inconsciente e, hoje, quando está em um lugar amplo, aberto, em meio a uma multidão (cinema, jogo de futebol, show, shopping), faz naquele momento uma regressão espontânea e aí já não está mais apenas na vida atual, está aqui e lá, em sua execução ou na iminência de ser morto. Então, entra em pânico, como entrou lá, e quer sair correndo, quer escapar, encontrar uma saída, ir para casa o mais rápido possível, e sente falta de ar, o coração dispara, começa a suar. Alguém pode lhe dizer: "Oh, fulano, relaxa, não tem perigo, estamos no cinema, nada pode acontecer!". Mas o coitado não está no cinema (ou no show, ou no jogo de futebol), está lá naquela praça e vai morrer!

CAPÍTULO 3
SINTOMAS DAS FOBIAS

As Fobias apresentam sintomas característicos, que podem ser classificados em:

1. Sentimentos excessivos, **irracionais**[1] e persistentes de medo ou ansiedade que são ativados por um objeto, uma atividade ou uma situação em particular. Tais sentimentos são **fora de proporção**[2] para qualquer ameaça atual. Por exemplo: qualquer um pode ter medo de ser ameaçado por um cachorro não contido, mas não é razoável correr de um animal calmo, quieto, em uma coleira.

2. Sintomas físicos relacionados à ansiedade: Esses sintomas podem incluir **tremores, palpitações, sudorese, falta de ar, vertigem, náuseas ou outros que refletem uma resposta ao perigo do tipo "corra ou lute"**[3].

3. Evitação de objeto, atividade ou situação que ativa a Fobia: **Como as pessoas que têm Fobia reconhecem que seus medos são irracionais, elas frequentemente se sentem envergonhadas ou**

embaraçadas sobre seus sintomas[4]. Para prevenir os sintomas de ansiedade ou embaraço, buscam evitar os fatores que desencadeiam a Fobia, o que frequentemente muda de maneira radical suas vidas.

COMENTÁRIOS

1. **Irracionais**: Já vimos que os sintomas não são sem razão. As pessoas que referem Fobia a algo têm razão para sentir esse medo terrível diante de uma situação, pois uma morreu afogada numa vida passada e tem medo de entrar na piscina, outra morreu enforcada numa praça e tem medo de estar no meio de muita gente em um show, uma terceira morreu queimada numa fogueira da Inquisição e hoje tem medo de que pegue fogo em sua casa, por isso confere o fogão várias vezes ao dia. Enfim, toda Fobia tem uma origem em um fato extremamente traumático de outra encarnação e seus sintomas são reais e coerentes.

2. **Fora de proporção**: O medo extremo que uma pessoa fóbica sente diante da situação desencadeadora não é fora de proporção, é igual ao terror que sentiu na situação originária de sua Fobia. Alguém que sofre de Fobia geralmente está sintonizado em quatro, cinco ou mais encarnações passadas e, através do tratamento regressivo, vai se desligando delas, uma a uma. A pessoa liberta-se desses sintomas e fica sabendo de onde vinha seu medo, sua ansiedade. Imaginem o consolo que isso representa para alguém que é considerado um fiasquento, um doente, um fracote, alguém que "só quer chamar a atenção". Não é nada disso! São traumas de outras encarnações que seu Inconsciente quer que saiam lá de dentro e as regressões possibilitam isso.

3. **Tremores, palpitações, sudorese, falta de ar, vertigem, náuseas ou outros sintomas que refletem uma resposta ao perigo**

do tipo "corra ou lute": Esses sintomas são oriundos do aumento de adrenalina que ocorre quando a pessoa entra em crise de Fobia, pois o Pânico que sente faz com que aumente esse hormônio, e isso provoca esses sintomas, que aumentam mais ainda o Pânico! Para as pessoas circundantes parece uma bobagem, um ataque histérico, um escândalo, mas para a pessoa acometida aquele medo é terrível, é uma sensação angustiosa real e verdadeira. A adrenalina é um hormônio que aumenta quando estamos diante de situações em que temos de enfrentar algo, lutar, nos defender ou fugir, e é exatamente o que ocorre em uma crise de Pânico em uma Fobia, mas geralmente foi algo muito traumático, envolvendo dor, morte trágica etc. Nas situações do passado em que foi o "vilão", quem tem Fobia hoje é sua "vítima" de lá.

4. Como as pessoas que têm Fobia reconhecem que seus medos são irracionais, elas frequentemente se sentem envergonhadas ou embaraçadas sobre seus sintomas: Quando começaram os sintomas, elas não pensaram que eram "irracionais" ou "exagerados", foram os profissionais que consultaram que lhes disseram ou insinuaram isso, que era "coisa de sua cabeça", "que não era nada" ou que eram "descargas irracionais de seus neurotransmissores"; foram seus amigos e familiares que pensaram e ainda pensam isso e elas, então, foram se sentindo envergonhadas e embaraçadas por causa desse medo "irracional", "sem causa", "fora de proporção". Nunca tive Fobia, mas atendo pessoas que têm há muitos anos e sei como é desagradável sentir um medo terrível de entrar em elevadores, de sair de casa, de estar em um lugar alto, em um ambiente aberto, diante de animais, e ser olhado como um exagerado, um manipulador, um fraco que tem esse medo sem motivo, ser tratado como um doente. Ninguém o entende, nem ele mesmo. A todos que chegam em meu consultório com alguma Fobia, eu digo que devemos procurar dentro de seu Inconsciente a situação que originou seu medo, seja em uma vida passada, seja no útero ou em seus primeiros anos de vida, mas nunca afirmo que seu medo é irracional ou desproporcional, pois sei que é exatamente o contrário, é bem racional e proporcional à intensidade do que sentiu na situação original.

CAPÍTULO 4
O INÍCIO DOS SINTOMAS

As Fobias podem começar na infância[1] ou surgir mais tarde na vida. Nas crianças, elas geralmente iniciam entre cinco e nove anos. Mas **a maioria das Fobias começa depois de adulto**[2], especialmente em pessoas com mais de 20 anos de idade. Sem tratamento específico, as Fobias podem aumentar o risco de **outros tipos de doenças psiquiátricas**[3], especialmente desordens de ansiedade, **Pânico**[4] **e uso de drogas**[5].

COMENTÁRIOS

1. As Fobias podem começar na infância: Recebemos muitas crianças que sofrem de Fobias. Mas como é que pode uma coisa dessas? Pequerruchos de 2, 3, 4 anos com Fobia! De onde é que pode vir isso, se não de suas vidas passadas? Há crianças que entram em pânico ao verem pessoas estranhas, gritam, agarram-se aos pais, escondem-se, o que terá acontecido com elas em uma vida passada? Foram presas, torturadas? Algumas entram em pânico ao pisarem na Escola pela primeira vez, não querem ficar, choram desesperadamente, suas mães têm de ficar ali, junto com elas, que ficam de olho para ver se não foram embora, morrem de medo de ficar sozinhas naquele lugar estranho. O que originou isso em uma vida passada? Uma prisão, uma guerra? É relativamente frequente crianças entrarem em pânico ao ouvirem foguetes, fogos de artifício, relâmpagos e outros barulhos fortes e súbitos. De onde pode vir isso? Houve duas Guerras Mundiais e muitas crianças estavam lá, encarnadas, vindo a morrer ou ficar aleijadas, ou então perderam familiares. E o medo extremo que algumas crianças sentem de que o pai ou a mãe morram? Elas trazem em seu Inconsciente situações de abandono, solidão. A Regressão em crianças pode ser realizada nelas ou em um familiar, o que chamamos de Regressão à Distância, em que a pessoa acessa encarnações passadas nas quais a criança ainda está sintonizada e que são a origem de seus sintomas. Então a criança as recorda, uma a uma, até a morte lá, o desencarne, a subida ao Mundo Espiritual, até recordar que tudo passou e refere estar bem. É possível, assim, curar Fobias em crianças, para que não sofram com isso por décadas, até ficarem adultas, nem levem para a próxima encarnação.

2. A maioria das Fobias começa depois de adulto: Por que muitas doenças começam geralmente após a adolescência, na vida adulta? Embora muitas crianças já apresentem sintomas de Fobia, isso é visto como "coisa de criança": timidez, medo normal, manha, excesso de cuidado da mãe etc. Na adolescência, é visto como "coisa de adolescente": isolar-se no quarto, ficar triste sem motivo, ter medo de algo. Mas tanto a criança como o adolescente ainda são imunes à vida cotidiana, no sentido de ter de realmente assumir responsabilidades, compromissos, o que é incentivado pela televisão, pelas músicas jovens, pelas mensagens da Internet, ao estilo norte-americano de quanto mais idiota, melhor, menos pensante e mais consumidor. Mas quando vamos ficando adultos, a vida começa a exigir postura, seriedade, compromisso, responsabilidade, temos de começar a decidir o que queremos ser, em que vamos trabalhar, como vamos ganhar dinheiro, nos sustentar, e aí os traumas de vidas passadas começam a ativar-se dentro de nosso Inconsciente e começamos a sentir as ressonâncias deles, e começa a aumentar o medo, a ansiedade, os pensamentos estranhos, as sensações desagradáveis, as tristezas sem motivo, as raivas sem explicação.

3. Outros tipos de doenças psiquiátricas: A Fobia não é uma doença psiquiátrica, aliás, nem doença é; são traumas antigos escondidos dentro do nosso Inconsciente que querem sair. Por isso, não falamos em "cura" para as pessoas que vêm em busca de solução para uma Fobia, mas, sim, em encontrar a origem e desligar-se dela. É como realizar uma limpeza dentro do Inconsciente, de maneira semelhante ao que se faz com furúnculos: é preciso fazer uma incisão, abrir e deixar sair aquele material lá de dentro.

4. Depressão: Geralmente as pessoas que sofrem de Fobias apresentam também sintomas de Pânico oriundos do passado, que se somam ao desespero e à descrença da falta de perspectiva de que o que sentem possa ter uma solução definitiva, um fim, que lhes permita parar de tomar psicotrópicos, parar de serem consideradas doentes. Com o encontro das situações traumáticas do passado, que originam os sintomas, e a grande melhora, ou, muito frequentemente, a resolução do quadro fóbico, o pânico termina e uma vida nova abre-se, permitindo às pessoas entenderem que nunca tiveram uma doença realmente, nem que o que referiam era imaginário, excessivo ou irracional.

5. Uso de drogas: O que são drogas? São substâncias que algumas pessoas usam para sentir-se melhores e, como melhoram, vão ficando viciadas e passam a necessitar delas cada vez mais. Existem vários tipos de drogas: as lícitas (medicamentos psicotrópicos, bebidas alcoólicas, cigarro) e as ilícitas (maconha, cocaína, crack etc.). As pessoas com Fobia, Pânico e Depressão geralmente utilizam medicamentos psicotrópicos para aumentar a serotonina e baixar a adrenalina e a dopamina, o que ocorre também com a utilização de bebidas alcoólicas, cigarro e drogas ilícitas. Quando utilizam os medicamentos psicotrópicos, a isso chama-se "Tratamento"; quando utilizam bebida alcoólica, cigarro, maconha, cocaína ou crack, a isso chama-se "Drogadição". Não somos contrários ao tratamento medicamentoso para as Fobias, o Transtorno do Pânico e a Depressão, mas ele seria desnecessário se a pessoa realizasse logo um bom tratamento com Terapia de Regressão, com um profissional competente e ético, que consiga conciliar a Regressão com o respeito à Lei do Esquecimento. A todos que chegam utilizando esses medicamentos, recomendamos que continuem e, depois da grande melhora que tiverem com as regressões, conversem com seu psiquiatra para a diminuição gradativa deles e, se for o caso, seu abandono definitivo.

CAPÍTULO 5
A ORIGEM DAS FOBIAS

A VISÃO TRADICIONAL

Cerca de 60% das pessoas com Fobias recordam **a primeira vez em que aconteceu uma crise**[1], e as sensações do Pânico ficaram, então, ligadas ao local ou situação em que ocorreu a crise e aí começou sua patologia. Para elas, há uma ligação muito clara entre o que aconteceu e seu medo. Por exemplo, **uma pessoa tem uma primeira crise de Pânico ao dirigir um automóvel**[2] e, a partir desse dia, passa a evitar dirigir, com um temor de passar mal, acontecer alguma coisa, bater, ferir alguém etc. Ou então, **numa ocasião, pela primeira vez, passou mal em um lugar fechado**[3], parecia que ia morrer se não saísse dali, alguma coisa terrível ia acontecer, e **a partir daí desenvolveu uma Fobia de lugares fechados**[4], não conseguindo mais ir a um cinema, a um teatro, a um restaurante, com medo de passar mal, acontecer alguma coisa, não poder sair dali, não ter como "escapar".

A teoria mais aceita para as Fobias é a de que existe **um defeito nos neurotransmissores**[5] que produzem reações de alarme nessas situações, sem necessidade. Outra hipótese é a **genética**[6], pois são conhecidos alguns casos de gêmeos idênticos, criados separadamente, que sofrem do mesmo tipo de Fobia, apesar de viverem em locais diferentes. Também há a teoria de que **os seres humanos nascem preparados biologicamente para sentir medo de certos animais**[7], como ratos, animais peçonhentos ou de aparência asquerosa (sapos, lesmas ou baratas), **ou sentir medo de situações que podem lhes provocar medo intenso, como estarem sozinhos, sentirem-se desamparados etc.**[8] Uma provável explicação é que esses temores foram importantes para a sobrevivência da espécie humana há muitos milênios e, ao que parece, **trazemos latente essa informação, que pode ser despertada a qualquer momento**[9].

A VISÃO REENCARNACIONISTA

1. A primeira vez em que aconteceu uma crise: Na verdade, quem sofre de alguma Fobia sempre se lembra da primeira vez em que aconteceu uma crise nessa encarnação, mas não da primeira vez em que realmente sentiu esse pavor, pois isso foi em uma encarnação passada. Porém, seu Inconsciente não esqueceu, pois aquela situação permanece dentro dele e é para lá que deve ser endereçado o tratamento que poderá resolver de maneira rápida e definitiva o que é chamado de "Fobia", que podemos chamar mais apropriadamente de "recordação inconsciente".

2. Uma pessoa tem uma primeira crise de Pânico ao dirigir um automóvel: Quem refere esse tipo de Fobia costuma encontrar, nas sessões de regressão, um grave acontecimento quando estava dirigindo uma carruagem, uma carroça, ou quando estava em um trem, ônibus ou automóvel em encarnações anteriores. E lá aconteceu um acidente, o veículo virou e algumas pessoas morreram, ou ela própria. Essa Fobia costuma se manifestar desde criança, quando vai passear com os pais no carro da família ou está na Van do Colégio, ou inicia na idade que tinha naquela vida, ou quando acontece um acidente ou uma situação iminente de perigo dentro de um veículo. Aí os sintomas afloram e vão se agravando com o tempo, e a impressão que a pessoa tem é de que a Fobia começou nessa situação, mas não, foi muito antes, lá naquela vida passada.

3. Numa ocasião, pela primeira vez, passou mal em um lugar fechado: Na verdade, não foi a primeira vez. A primeira vez foi naquela vida em que foi presa em uma cela para ser julgada e condenada à morte, ou naquela em que estava em uma mina de carvão que desabou e ficou soterrada até morrer, ou naquela em que seu corpo morto ficou no caixão por muito tempo, até que foi resgatada por Seres Espirituais. A "primeira vez" na vida atual foi um reforço do que já vinha do seu passado, de 3 ou 4 situações antigas, de outras épocas, séculos até, que estavam desativadas dentro de seu Inconsciente, mas quando o local onde estava, na vida atual, era parecido com um local traumático de seu passado, ou o filme era a respeito de algo que ressonou dentro de seu Inconsciente, ou deparou-se com uma pessoa que estava em seu passado, e que seu Inconsciente reconheceu, as situações de Pânico em lugares fechados começaram a se ativar, fazendo surgir a sua hoje chamada "Fobia de lugares fechados".

4. A partir daí desenvolveu uma Fobia de lugares fechados: Por que uma pessoa fica, na vida atual, em uma ocasião, em um lugar fechado, e inicia, a partir daí, uma Fobia de lugares fechados, enquanto outra pessoa não? Porque a que começou com essa Fobia trazia em seu Inconsciente essa predisposição, por ter estado em situações traumáticas em lugares fechados em outras encarnações e a outra pessoa não.

5. Um defeito nos neurotransmissores: Isso significa que, de repente, nossas células cerebrais enlouquecem e começam, sem motivo, a produzir mais adrenalina, como se estivesse acontecendo uma situação de risco, de perigo, mas não está. Então é tudo invenção das células cerebrais, ou seja, elas piraram mesmo? Após quase 20 anos de trabalho com Regressão, tendo atendido cerca de 10 mil pessoas, posso afirmar com convicção: as células cerebrais estão perfeitamente normais, mas produzindo excesso de adrenalina, porque essa é uma de suas funções quando estamos em uma situação de risco, de perigo, para nos preparar para lutar ou fugir. E como, no momento do Pânico, a pessoa está em outra encarnação, em uma situação de risco ou perigo, suas células cerebrais cumprem sua função e aumentam a produção desse hormônio.

6. Genética: Antes da genética, existe a pré-genética, ou seja, o molde psicobiológico, mas esse é invisível e a Ciência atual ainda não chegou a um grau de evolução que a capacite a percebê-lo, estudá-lo e entendê-lo. Se não tivesse ocorrido a Inquisição, talvez a Ciência atual já estivesse bem mais avançada e conseguindo captar e entender como se forma a genética.

7. Os seres humanos nascem preparados biologicamente para sentir medo de certos animais: Isso é verdade, pois todos nós já moramos, em outras encarnações, em cavernas e subterrâneos, em épocas sem luz elétrica, cerca eletrônica, policiais, vigilantes, guaridas... então, nos imaginemos lá, à noite, indo dormir, ouvindo os rugidos e a movimentação de animais perigosos do lado de fora e alguns tantos outros rastejando do lado de dentro, passando por cima de nós, que nos encolhemos assustados, agarrando-nos uns aos outros. Portanto, é verdade que os seres humanos nascem preparados para sentir medo de animais, pois já fomos, em vidas passadas, atacados, mutilados e mortos por eles. Muitos de nós, até hoje, ao ver um cachorro ou um gato, entramos em pânico, pois nesse momento regredimos para lá.

8. Ou sentir medo de situações que podem lhes provocar medo intenso, como estarem sozinhos, sentirem-se desamparados etc.: Podemos imaginar, nessas dezenas ou centenas de milhares de anos que todos nós temos, quantas vezes nos sentimos sozinhos e desamparados, quantas vezes estivemos em perigo em situações de conflitos (guerras, ataques) ou desastres (inundações, terremotos), em encarnações anteriores? Tudo isso está em nosso Inconsciente, em estado latente, e pode entrar em ativação assim que nos sentirmos sós e com uma expectativa de que algo ameaçador possa ocorrer, como quando estamos em uma rua escura, em um lugar ermo etc. Nascemos com essa tendência de sentir medo de situações assim, porém isso não se deve a nenhuma herança filogenética, mas, sim, a uma herança pessoal, nossa mesma, de nosso passado de outras encarnações.

9. Trazemos latente essa informação, que pode ser despertada a qualquer momento: É realmente assim. Trazemos em nosso Inconsciente, latentes, várias informações de fatos ocorridos há milhares de anos, que vão "despertando" quando nos deparamos com situações similares, fazendo-nos sentir novamente o que sentimos na situação original. Lá, sabíamos bem o que estava acontecendo, não éramos doentes e não era nenhuma doença, mas um medo real, intenso. Hoje, somos rotulados como portadores de uma doença inexplicável e medicados com drogas químicas para nos acalmar.

CAPÍTULO 6
CINCO CASOS DE REGRESSÃO

Já atendi centenas de pessoas com Fobia, algumas estranhas, como Fobia de penas, certeza de que será enterrado vivo, convicção de que irá para o Inferno, medo de ter um filho porque ele morrerá etc., e com bastante frequência elas encontraram a explicação disso em seu passado, em outras encarnações, quando o medo que tinham de algo hoje havia realmente acontecido lá. Vamos ver alguns casos de Fobias, então.

CASO 1

Uma mulher, de 28 anos de idade, vem à consulta por medo de dirigir, de andar de carro, de ônibus, diz que é um medo de acidente, de acontecer alguma coisa, cair dentro de um rio, algo assim. De vez em quando, pensamentos negativos lhe trazem tristeza, medo e sensação de raiva. "Eu me imagino ou imagino alguém se acidentando, ou, quando estou andando de ônibus, imagino que ele poderia cair num rio, e como seria depois." Aí sente uma tristeza muito grande dentro de si. Perdeu o pai com 2 anos de idade, foi morar com sua avó, ela era agressiva com eles, sua mãe e a avó brigavam muito. Magoa-se facilmente, é muito sensível. Tem um sentimento de culpa por não ter sido melhor com sua irmãzinha quando era menor, por ter sido um pouco fria com ela. Sente uma insegurança, um medo de errar, é muito indecisa, não sabe se faz uma coisa, se não faz, começa, desiste. Sente-se menos que os outros. Eram muito pobres na infância, moravam em uma casa velha, cheia de cupim, as pessoas não iam à sua casa. Sempre teve muita vergonha, uma vontade de se esconder. Tem enxaqueca desde criança. Tem ovários policísticos. Tem esofagite. Tem muitas espinhas no rosto, que são resistentes aos tratamentos dermatológicos e lhe dão uma sensação de sujeira.

Em um raciocínio dessa vida apenas poderia pensar-se que a sensação de inferioridade, a mágoa, a rejeição, viriam de sua infância pobre, mas sabemos que nossa infância é co-criada por nós segundo Leis Divinas, como a Lei da Necessidade, a Lei da Finalidade, a Lei do Merecimento, a Lei do Retorno e a Lei do Resgate. Por isso, quando uma pessoa nos fala de uma infância muito pobre e infeliz, começamos a nos questionar: "Por que esse Espírito, antes de reencarnar, pediu esse tipo de infância?", entendendo "pedir" como "necessitar".

Na primeira sessão de regressão, após a sintonia com seus Mentores Espirituais, relaxamento do corpo físico e incentivo à elevação de sua frequência, ela acessou seu passado:

– Eu vejo uma menina, sozinha, um pouco triste.

– *Sim.*

– É um campo, tem bastante verde.

– *Continua.*

– Me sinto sozinha.

– *Sim.*

– Eu tenho a imagem da menina, sentada no chão, na grama.

– *Tem mais pessoas? Como ela se sente?*

– Não. É como se ela estivesse sozinha (triste). Vejo um trem, uma maria-fumaça. Vejo a menina correndo com uma amiguinha, elas estão brincando, são muito amigas. O trem está parando na estação e elas estão descendo. Tem mais pessoas ao redor, mas é como se elas estivessem sozinhas. Elas estão paradas conversando, como se estivessem esperando alguma coisa, alguém, mas eu as vejo como jovens, no mesmo lugar, como se tivessem crescido. Iguais, mas maiores.

– *Sim.*

– Era uma vontade de descobrir novos lugares, de sair por aí, conhecer coisas diferentes. Sinto como se as duas tivessem se separado. Uma comprando um bilhete de trem. Elas se separando, cada uma indo para um lado. Uma ficando e a outra indo no trem de novo. A que está no trem está se sentindo triste, talvez por deixar a amiga dela. Está com vontade de chorar (triste).

– *E depois? Continua me contando.*

– É como uma sensação de estar no trem, de não ter saído de lá ainda. É noite, tem neve no lugar onde o trem passa e as pessoas estão dormindo. Tem uma ponte. Eu vejo o trem caindo! É muito alto (com muito medo)!

– *O que aconteceu?*

– Está escuro. Me sinto no ar, não sei se ainda estou ali, eu não me sinto ali, não sei o que aconteceu.

– *Vamos lembrar se veio alguém, um Anjo, uma Luz, alguém para te ajudar, continua me contando.*

– Me sinto sozinha, desorientada, não sei o que está acontecendo. Sinto que estou deixando muitas pessoas que me amavam muito. Tem pessoas chorando, tem neve. Me sinto culpada, não devia ter ido viajar, estou arrependida.

– *Sim, continua.*

– Eu vejo água, uma cachoeira, tudo muito branco, muito claro. Eu vejo o meu pai, ele está me abraçando, uma sensação muito boa, está me dando a mão, me levando para algum lugar, ele está muito feliz. Como se eu tivesse vendo ele me mostrando como eu brincava com ele, quando era pequenininha, como se eu estivesse vendo um filme, como se ele estivesse me mostrando aquilo.

– *Como tu te sentes?*

– Feliz. Meus avós também estão por perto, do lado dele (muito emocionada). Eu sinto que todos estão felizes por me ver (chorando). Eles estão felizes por me ver, vejo estrelas, como se eu fizesse parte daquilo tudo, eu sinto como se fosse parte daquilo, das estrelas.

– *E como estás te sentindo?*

– Muito grande, com muito brilho, como se estivesse passando por uma constelação.

– *Sim.*

– (Suspira profundamente) Muito bem, bem leve.

– Então relaxa, aproveita, está tudo bem, tu já te desligaste daquele acidente de trem, daquela vida de onde veio o teu medo atual de dirigir, o medo de acidente. Tivestes um encontro com teu pai, com teus avós de hoje, no Mundo Espiritual. Outro dia podemos ver mais situações do teu passado, sempre com a autorização dos teus Mentores Espirituais. Relaxa, aproveita.

Na segunda sessão de regressão, ela acessou duas situações: na primeira, era um homem, estava se afogando no mar, mas não morre, vai parar numa ilha, onde permanece até ficar velho e morrer sozinho, vestindo uns trapos. Recordou que morreu, que subiu para o Mundo Espiritual, encontrou pessoas, um lugar bonito, de natureza, foi passando a solidão, depois de um tempo, estava se sentindo muito bem. Em seguida, ela acessou outra encarnação, está na barriga da mãe, nasce, é uma menina oriental, de uns seis anos de idade, alegre, chegam uns homens maus, matam seu avô, ela sente muito medo, e fica muito triste a partir daí. Recorda que cresceu, casou, constituiu família, mas era sempre um pouco triste, lembrava-se do avô, não esquecia a morte dele. Ficou bem velha, mais de cem anos, e morreu. Veio uma Luz muito forte, recordou que subiu, chegou num lugar muito bonito, de harmonia, onde se sentiu bem, em paz.

Na reconsulta, referiu que estava se sentindo melhor, até com vontade de dirigir, sua dor de cabeça não a incomodava mais, estava mais tranquila e confiante, mais segura, menos indecisa. Marcamos outra sessão de regressão para ver se ela ainda estava sintonizada em alguma situação traumática do passado, para recordar-se e desligar-se de lá.

COMENTÁRIO

Vejam que, apesar de parecer que seus medos, insegurança e tristeza vinham de sua infância, de ficar sem o pai aos 2 anos de idade, essas duas sessões de recordação de seu passado, além de lhe desligarem de situações traumáticas, mostraram que a maior parte dos seus sintomas, tanto os medos como a tristeza, a mágoa, a insegurança e a indecisão, vinha de vidas passadas. Muito da indecisão que sentia hoje vinha daquela vida que acessou na primeira sessão, pois lá ela decidiu uma coisa, ir embora, viajar, e o ônibus em que estava caiu num rio e ela morreu, deixando seus familiares e aquela grande amiga sofrendo, e ficou se culpando por isso. E permanecendo, até hoje, sintonizada naquela vida, naquela situação, ela estava nesta vida atual e naquela concomitantemente, às vezes mais aqui, às vezes mais lá. Quando entrava em um automóvel ou em um ônibus, fazia uma regressão espontânea e ia para lá. É daí que vêm as Fobias, o Pânico, as tristezas sem motivo aparente, muitas dores físicas sem diagnóstico ou de difícil tratamento, sentimentos de culpa despro-porcionais aos fatos, sensações de sujeira, muitos casos de transtorno obsessivo-compulsivo, transtorno bipolar etc. Na segunda sessão de regressão, ela era aquele homem, que provavelmente estava em um barco que afundou (novamente um meio de locomoção), ficou naquela ilha, sozinho, até morrer. E, depois, a menina que viu seu avô ser morto e levou essa lembrança por toda aquela encarnação.

Com essas duas sessões de regressão ela desligou-se de três vidas passadas, de onde vinha a maior parte de seus sintomas, sentimentos e crenças negativas a seu respeito, e está muito melhor. Eventualmente, em casos graves de Fobia, Pânico ou em uma crise de Depressão muito intensa, pode ser recomendável utilizar medicamentos antidepressivos, ansiolíticos etc., mas por um tempo curto, enquanto a pessoa faz algumas sessões de regressão para encontrar a origem do que sente.

CASO 2

Uma mulher, de 57 anos de idade, vem à consulta por uma Fobia de ser enterrada viva. Para quem leu o livro até aqui, já pode imaginar onde ela estava sintonizada. Com 23 anos de idade, começou a ter Depressão e desenvolveu essa Fobia de ser enterrada viva. Também sente muita angústia, que não entende de onde vem, uma coisa ruim dentro dela, parece uma culpa, não sabe o que é. Realizamos uma sessão de regressão, em que, após o relaxamento do corpo físico e a elevação de sua frequência, ela começou a narrar:

– Estou sentindo muita culpa (chorando). Estou pedindo ajuda, mas é como se não existisse nenhum ser humano no mundo que pudesse me escutar (fala embargada pelo choro). Como se não tivesse nada depois, a não ser o pavor! Eu não sei para quem eu fiz mal, mas eu fiz mal para muitas pessoas, elas me odeiam. É como se eu tivesse tido poder e destruído tudo. Não sei quem eu era, não sei quem eu sou nessa encarnação (ainda chorando muito).

– *O que aconteceu lá, tu falaste que tinhas muito poder. O que houve?*

– Eu sinto que tinha. Vejo as pessoas com muito ódio, eu me sinto fraca no meio dessa multidão querendo o troco (soluçando, chorando). Eles me odeiam, eu não tenho raiva, mas isso me machuca tanto! Eles querem me destruir, querem me enterrar (chorando muito, sofrendo).

– *Sim, o que é? O que está acontecendo?*

– Todo esse ódio, esse monte de rostos, ninguém me ajuda, eu queria sair, eu não vejo nada, onde é que eu estou? Onde estou? Não quero falar, não quero ver. Hoje eu só faço o bem, por que uma coisa tão antiga me persegue?

– *O que aconteceu depois? O que eles fizeram contigo? O que houve?*

– Me botaram num fosso e me cobriram de terra (chorando, descontrolada). Muita terra, me perdoem! Eu quero sair daqui! Me perdoem! Falta de ar, uma coisa preta.

– *Continua.*

– Estou caminhando no escuro e tem um cheiro ruim, eu odeio cheiro ruim. Não estou acostumada a cheiro ruim, não quero sentir esse cheiro. O que eu vim fazer aqui? Sozinha, perdida, e este cheiro ruim. Tantas pessoas, e esse monte de corpos podres. Ai, meu Deus, não suporto cheiro ruim, eu não quero sentir. Ai, que horror!

– *Sim, continua. O que tu fazes? O que aconteceu depois?*

– Estou cansada, eu sinto sono, falta de ar. Fiquei muito tempo ali. Agora, na escuridão, eu vejo uma mão, eu quero essa mão, eu quero essa mão! Ela está me puxando, me puxando. Parece que eu estou há tanto tempo parada, dentro de uma coisa, ela continua me puxando.

– *Que bom! Continua.*

– Parece que ela irradia paz, é tão suave, acho que ela vai conseguir me ajudar. Ai, que bom! (suspira)

– *E vamos ver para onde esta mão te leva, continua me contando.*

– Estou num lugar bom, não tem aquele cheiro, não tem cheiro nenhum, é puro. Eu não acredito em nenhuma destas pessoas, mas eu sei que elas estão mortas, eu não acredito que alguém possa gostar de mim. Dizem que eu posso parar de me penitenciar. Era muito vazio lá (vai se acalmando).

– *E o tempo vai passando, continua.*

– Estou cada vez melhor, eles gostam de mim, estou me perdoando. Me sinto muito melhor, sem medo, sem raiva. Estou livre, estou leve.

– *Então relaxa agora, está tudo bem, aproveita esse momento, tudo já passou, terminou. Outro dia vamos ver mais situações do teu passado, sempre com a autorização dos teus Mentores Espirituais. Aproveita que estás no Mundo Espiritual, estás na Luz com teus irmãos e irmãs. Podes permanecer em silêncio, relaxa. Aproveita. Se vier mais alguma coisa na tua mente, me diz.*

– Eu sou muito pequena, tenho um narizinho arrebitado. Correndo, correndo, num campo verde, bonito. O vestido é vermelho na frente, e tem detalhes, não sei se é preto ou branco. Eu corro, fico em cima de um lugar alto, verde. Olhando para um lugar muito grande, de onde está saindo uma carruagem com o cortejo de um homem.

– *Sim.*

– Eles são tão ricos, mas eu não conheço. Estou com um homem do meu lado, não sei quem é esse homem, ele agarrou a minha mão e eu sei que é um homem que está do meu lado, só não sei quem é. É uma gente muita rica, é muito distante de hoje. Não sei quem ele é, não sei de quem é o lugar, mas eu queria estar com eles lá dentro, não ali fora, não naquela pobreza. Não sei, mas parece que meu lugar não é ali fora.

– *Continua.*

– O cortejo é grande, não vejo bem. Só sei que eu era pobre nesse lugar e sofria, apesar de ser criança. Parece que eu estou deslocada.

– *E o que fazes? Como te sentes?*

– Me vejo voltando para casa e apanhando. Voltando para um lugar pobre e apanhando, apanhando daquela mulher. Essa sujeira é a minha casa. Eu não sei por que eu apanho, procuro não incomodar, mas apanho por tudo. Eu me vejo despencando de um lugar e caindo dentro da água (ofegante).

– *O que aconteceu?*

– Eu me vejo gritando, mas parece que ninguém vai me ajudar (respirando com dificuldade). Ninguém vai me ajudar, e eu sou criança. Aquela falta de ar de novo. Essa sensação me acompanha até hoje. Eu não significava nada para ninguém, era só uma criança. Vem alguém andando, vai me ajudar, parece que ele gosta de mim. Ele é tão suave, tem tanta paz e eu precisava tanto de paz! Agora estou bem, eu não queria voltar mais, por que eu tenho que voltar sempre e sempre?

– *E como tu te sentes?*

– Bem, passou tudo, agora estou bem. Agora eu vejo uma confusão, uma porção de gente gritando. O povo gritando na rua, enlouquecido, matando, matando.

– *O que está acontecendo?*

– Eu não entendia o que estava acontecendo... Eu tenho medo. Acho que morri (chorando muito, muito agoniada)! Me pegaram pelo cabelo, me cortaram a garganta. Ai, que dor de cabeça! Alguém me ateou fogo (respiração ofegante). Não consigo ver ninguém... Falta de ar (respira mal).

– *O que aconteceu? E depois que morre o corpo... és um Espírito...*

– Eu queria minha cabeça de volta... Eu saí e fiquei dando voltas, o tempo todo correndo e gritando junto com eles que eu queria minha cabeça de volta. Eu não compreendo... Não compreendo por que a maldade. É um escuro muito forte. E aqueles gritos...

– *Sim, continua...*

– Agora sinto uma paz, um brilho, uma paz, mas eu reclamo muito que eu não queria voltar e eles me obrigam a voltar.

– E no Mundo Espiritual, como tu és, como te sentes?

– Eu sinto a dor que se passa no mundo da matéria, por isso não queria mais voltar e eles me obrigam a voltar. Existe paz, mas é relativa. A paz é deles, do ambiente, não dentro de mim. Eles não me explicam e eu acho que já sofri tanto, não precisava mais voltar. Eles me fazem voltar sempre.

– Vamos ver como vais te sentindo, aí no Mundo Espiritual, depois que passou tudo, aquela vida...

– Não tenho mais revolta, mas não consigo me sentir amada. Eu odeio a volta para a matéria. Eu não acredito nas pessoas nem nesta volta para a matéria. Que mentira! Dizem que eu tenho que continuar a trabalhar para me aproximar das pessoas.

– Para o que tu vens reencarnando? Para o que reencarnaste desta vez?

– Eu me sinto tão cansada, essa dívida não tem fim. Eu já passei tanta fome, tive tanta falta de dinheiro, continuei por tanto tempo assim. Mas não consigo me desligar daquele sofrimento todo. Por quê? Até quando Deus vai permitir?

– O que tu deves fazer? O que deves reformar em ti?

– Eu não consigo me entregar ao amor. Venho de novo sem permitir que seja amada. Estou muito cansada. Mesmo estando aqui na Terra, vou para lugares tão bonitos. Hoje já consigo, eu entro em contato com o Mundo Espiritual, consigo sair dos cinco sentidos, meu corpo se torna leve e eu vou a lugares tão bonitos, que me dão força para continuar minha Missão. É o que traz leveza no meu mundo tão pesado. Dá um alívio, lugares tão lindos que não existem para os olhos humanos. O sol é tão bonito e tão dourado, não tem palavras que descrevam tanta beleza.

– Então fica em sintonia com esse lugar. Outro dia vamos ver mais situações do teu passado, sempre com a autorização dos teus Mentores Espirituais. Sente essa força, essa Luz, traz essa paz para ti, para tua vida. Relaxa, podes permanecer em silêncio, aproveita esse

amor, esse momento. Te desligaste de várias vidas passadas, teu sofrimento vai diminuir muito a partir de hoje e, outro dia, vamos ver mais situações. Agora aproveita e descansa.

COMENTÁRIO

Ela acessou uma vida passada em que era uma pessoa poderosa, que o povo odiava, e foi enterrada viva, que é o medo que tinha até hoje. Agora, após o desligamento daquela situação, esse medo deve desaparecer. Como sua frequência vibratória naquela vida era muito baixa, após sua morte, ela foi para o Umbral, onde ficou por muito tempo naquela lama, sentindo aquele cheiro horrível, no meio dos desencarnados que vão para lá, até que um dia uma mão veio buscá-la e esse Ser Espiritual a levou para o Astral, onde foi melhorando, até ficar bem. Lá lhe diziam que devia parar de se penitenciar. Muitas vezes é nosso próprio julgamento que nos faz ir para o Umbral. Depois ela acessou outra encarnação em que era uma menina pobre, com inveja das pessoas ricas, mora numa casa pobre, no meio de sujeira que ela não suporta. Viu-se caindo de uma altura, dentro de uma água, onde morre. Sente falta de ar lá e me diz naquele momento que é a mesma que sentia ainda hoje. Vai para o Mundo Espiritual, onde melhora e não quer mais reencarnar. Em outra vida, era uma mulher que foi morta em uma batalha ou guerra, cortam sua cabeça e ela, morta, fica muito tempo querendo-a de volta. Depois que subiu para o Mundo Espiritual, ficou bem, mas, como sempre, não queria reencarnar novamente, porque acreditava que aqui iria sofrer. Há muitas questões kármicas em seu passado e, como ela, muitas pessoas sentem uma culpa sem explicação, uma ansiedade, uma angústia, algo muito forte que incomoda, muitas vezes desde a infância, e não sabem de onde vem isso, acham que é de algumas situações de sua vida, mas geralmente a origem está lá no passado, em séculos atrás, bem escondida no Inconsciente, e se não for expurgada, fica incomodando, pode até ser atenuada com o uso de antidepressivos, ansiolíticos, mas permanece sempre ali.

Na segunda sessão de regressão, ela acessou mais vidas passadas. Seu relato:

– Eu vejo que está chovendo, é muita chuva (começa a chorar). Estou com a alma dilacerada. É uma dor tão grande, como se estivessem arrancando algo. Parece um vilarejo antigo. Eu não sei por que choro. A imagem vai esmaecendo.

– *E depois, o que acontece?*

– Meu filho, eu perdi um filho! Eu o amava tanto, não sei o que aconteceu.

– *E depois, como ficou tua vida, como tu ficaste com essa separação? O tempo foi passando, continua.*

– Sozinha, pelas ruas, é horrível esta sensação (continua chorando). Eu não sei, parece que tem uma ligação com o meu filho de agora.

– *A vida foi indo, passando, foste ficando velha, como ficaste?*

– Estou com fome, com frio. Ando suja, como se tivesse vergonha de mim. Estou me sentindo suja, estou suja (chorando muito agoniada). Que desgraça, eu não quero viver (palavras abafadas pelo choro).

– *E a vida foi indo, terminando, vamos lembrar como foi.*

– Fico neste cantinho escuro, acho que foi ali que eu morri. Não deixava chegarem perto, sentia medo, fui arrancada meio que à força, como se fosse puxada para sair e caísse num vácuo, no escuro. Como se tivesse perdido a razão. Minha mente ficou perdida (sempre chorando). Me sinto perdida, sem saber onde estou. É como muitas vezes me sinto hoje. São pessoas ruins, mas tem um senhor diferente, ele é claro, é inocente.

– *O que ele faz?*

– Ele me levou, vai caminhando na frente. Sou levada para um lugar onde tem uma espécie de fonte, com água, mas não parece água. Eu fico ali, debaixo daquilo, me traz uma paz tão grande! Parece que está limpando meu corpo e minha alma, me sinto rejuvenescida. Uma paz muito grande.

– Então aproveita, permanece em silêncio, recebendo esse tratamento de limpeza. Aproveita essa paz, essa felicidade. Outro dia podemos ver mais situações do teu passado, sempre com a autorização dos teus Mentores Espirituais. Recebe o tratamento, a paz, a Luz. Permanece em silêncio, aproveita.

Caso 3

Um rapaz, de 22 anos de idade, vem à consulta por Fobia Social. Refere um medo de falar em público, fazer uma entrevista, conhecer pessoas, medo de falar na aula, participar de uma dinâmica de grupo. Diz que trava, o coração dispara, começa a tremer. Conta ser tímido, calado, com dificuldade de chegar nas pessoas, sente um medo, mas não sabe de quê. Tem asma desde criança.

Na primeira sessão de regressão, ele se vê como um homem que é preso por índios que o matam e jogam seu corpo num rio, e depois viu uma vida de um homem barbudo, arruaceiro, sempre metido em confusão, pertencia a uma quadrilha, ficou velho, virou mendigo, mexia com as pessoas, morreu na rua. Após a sessão, disse que o medo que sentiu naquela vida em que foi morto pelo grupo de índios era o mesmo medo que sentia hoje quando estava em uma situação com pessoas. Ou seja, diante de algumas situações atuais, ele fazia uma regressão espontânea e voltava a ser aquele homem que ia ser morto. Quanto ao homem barbudo, que pareceu talvez uma vida nos Estados Unidos, no século passado, me disse que, quando mais jovem, fazia coisas parecidas, tinha ideias similares, não naquela intensidade, e precisava se controlar para não fazer o que lhe vinha à cabeça. Nessa sessão de regressão, desligou-se do homem morto pelos índios e também do barbudo arruaceiro.

Vejamos seu relato dessas encarnações, nas quais estava sintonizado até hoje e de onde vinha sua "Fobia Social":

– Eu não consigo enxergar bem, mas tenho a impressão de ser um lugar cheio de árvores, um mato.

– *Sim, continua.*

– Eu não sei o que é, mas isso me deixa meio nervoso. Me veio uma ideia de índios.

– *Sim, vamos ver.*

– Parece que eu fiz alguma coisa, não sei o que é. Não sei o que vai acontecer. Acho que eles querem me matar, eu não sei por que, eu não fiz nada para eles (com muito medo). Não sei o que vão fazer comigo, mas acho que vão me matar.

– *Continua.*

– Estão me levando, são muitos, me sinto rijo, parece que estou preso, não sei, me amarraram, estão me levando!

– *Vamos ver o que acontece, o que vai acontecer...*

– Parece que depois que eu morri me jogaram em um rio. Não sei se eu morri ou se me jogaram ainda vivo. Não sei por que fizeram isso comigo. Eu fico ali.

– *E depois que o corpo morre, o que tu fazes? Vamos ver.*

– Eu não estou bem, não sei o que tenho que fazer. Estou com muito frio. Parece que eu estou indo para um lugar melhor, estou me sentindo melhor. Parece que tem um perfume bom na minha volta, tem pessoas, estão aqui para me ajudar.

– *Que bom. Continua.*

– Aquela coisa lá daquela hora que me levaram, aquele medo, aquele pavor, aquilo lá já não está mais comigo. Estão me explicando por que aquilo aconteceu, por que foi daquele jeito.

– *Sim.*

– Agora estou me sentindo bem melhor, bem mais tranquilo, parece que nada me incomoda, a sensação é muito boa. Parece que mandaram uma Luz para aquele lugar onde eu estava, me dizem que é importante perdoar.

– *Que bom, então relaxa, descansa. Se vier alguma situação mais, tu me dizes.*

– Agora parece que meu olho direito... parece que não tenho ele. Eu e mais algumas pessoas bebendo, num bar, é um lugar estranho, estamos ali, bebendo, conversando, não sei o que fazemos, o que é, mas não são boas pessoas, não.

– *Vamos ver, continua.*

– Parece que estou em uma confusão, quebramos as coisas e tocamos fogo no bar. Depois que começa a queimar, vamos embora, com moto. Parece que é isso, todos de moto, acho que eu sou um barbudo. Estamos indo embora, parece que gostamos de fazer mal, vivemos fazendo isso, destruindo as coisas, agredindo as pessoas, acho que essa é nossa vida, não nos preocupamos com nada, mas eu não sei por que fazemos isso, batemos em todo mundo, até em mulher.

– *E depois que o tempo vai passando, vamos lembrando.*

– Agora paramos em um lugar, estamos conversando, parece que estamos combinando fazer alguma coisa em algum lugar. Já entramos em um monte de confusão, em brigas. Parece um bordel, estamos brigando com o dono, com as mulheres, quebrando garrafa, não sei como vai acabar isso, onde começou, por quê. Somos uns cinco, seis, às vezes tem mais de dez. Eu sei que é errado, mas parece que lá nada importava, não sei por que acontecia, o que aconteceu comigo.

– *Sim, vamos ver. A vida vai passando, tu vais ficando mais velho, continua me contando.*

– Parece que eu estou na rua, deitado no chão, um velho, mas é a mesma pessoa, só não tenho mais aquele poder para fazer nada, estou lá, ninguém me conhece, parece que tem uns mendigos, parece que passou bastante tempo. As pessoas passam na rua, eu estou aqui, velho que não faz nada, fico ali mexendo com as pessoas, não represento mais perigo para ninguém.

– *E a vida vai passando, tu vais ficando mais velho, a vida vai terminando...*

– Parece que estão me tirando dali, acho que eu incomodo, não me querem ali, eu estou velho, acho que eu já podia morrer, parece que se eu não tivesse feito tudo aquilo, a coisa poderia estar melhor do que está, naquela situação.

– *Sim, continua, a vida vai indo, terminando.*

– Parece que agora eu comecei a me arrepender, não sei, não me importa muito. Eu acho que, não sei se eu morri, mas eu estou caído no chão, enrolado em um lençol. Acho que eu morri ali mesmo. Vieram buscar meu corpo e estão levando embora, como um lixo, mas não sei para onde. Parece que estão jogando num valão.

– *E depois que morre o corpo? Continua...*

– Fico ali assistindo àquela cena, parece que não tem ninguém para me ajudar. Estou preso ali, como Espírito, acho que eu não posso subir, deve ser porque eu não mereço.

– *Vamos ver o que acontece, o que aconteceu, o tempo foi passando...*

– Vêm umas pessoas, são Espíritos para tentar me convencer, têm uma forma de Anjo, todos de branco, mas eu continuo com o mesmo pensamento que tinha antes, não quero.

– *Sim, continua.*

– Me convenceram, agora subimos. Aquela imagem de onde jogaram meu corpo, aquele lugar, já não faz mais parte. Estamos subindo, é um tratamento, querem que eu me recupere, para depois voltar. Começam a me mostrar tudo o que tinha feito, que fazia mal para todo mundo, minha ligação com aquelas pessoas. Parece que uma das pessoas que eu agredi é a minha mãe atualmente, não tenho certeza. Veio a imagem dela, já tinha vindo antes, mas não tinha certeza, parece que querem me mostrar isso. Por isso ficou esta dívida com ela, ela tem mesmo uma coisa estranha comigo.

– *E o tempo vai passando aí no Mundo Espiritual, tu foste melhorando...*

– Parece que eu vou melhorando, vou me aceitando, tentando melhorar.

– *Que bom. E depois que o tempo vai passando...*

– Depois que eu melhorei, comecei a me ligar mais naquelas pessoas boas, é um lugar onde todo mundo gosta de todo mundo, todo mundo é igual, todo mundo se enxerga igual. Eu estou aprendendo com eles, com os mais evoluídos, parece que estou no começo, mas já é uma sensação bem melhor.

– *Que bom, continua.*

– Parece que eu encontro um amigo meu de hoje, acho que a gente já se conhecia de lá, nos reencontramos aqui.

– *Sim.*

– Parece que já sou como eles, como todo mundo, nos damos bem, interajo com todo mundo, todos gostam de mim, sem diferença, sem a diferença que sinto hoje, às vezes, onde parece que as pessoas não vão gostar de mim, lá não tem isso. Aquela vida de índio em que me mataram e me jogaram no rio parece que me atrapalhou bastante. É uma coisa com rejeição. Tive momentos do barbudo na vida atual, foi na época de colégio, de não respeitar ninguém, o professor, os colegas.

– *Então tu estavas ainda sintonizado naquela vida do barbudo. E quase que tu repetiste hoje como era lá.*

– É verdade, eu fazia coisas daquele tipo, não tanto, claro, mas eu me sentia igual a ele, eu, daquela vida, um sentimento de rejeição, tristeza, raiva, indignação.

– *Ainda bem que mudaste.*

– É mesmo.

– *E como estás te sentindo?*

– Bem, estou tranquilo, calmo, passou tudo. Aqui é um lugar muito bom, tem muita paz, muita amizade.

– *Então relaxa, aproveita este momento. Podes permanecer em silêncio, se vier mais alguma situação do teu passado ou alguma orientação espiritual para tua vida, me diz. Se não, descansa, está tudo bem agora.*

COMENTÁRIO

Nós reencarnamos para mudar, mas, chegando aqui na Terra, frequentemente reproduzimos nosso comportamento de uma ou mais vidas passadas, como se fosse um padrão comportamental que se vai repetindo encarnação após encarnação. Se ele hoje não mudasse, talvez tivesse uma vida parecida com aquela que recordou, de rebeldia, mágoa, sentimento de rejeição, raiva, fazendo coisas erradas, e depois que ficasse velho e morresse, chegaria lá em cima, no Mundo Espiritual, e veria que reencarnara para mudar mas mantivera seu antigo padrão. Quantas pessoas fazem isso, reencarnam para fazer sua Reforma Íntima, mas fazem a mesma coisa de uma encarnação passada. Quando chegam lá em cima e descobrem que repetiram o erro, exclamam: "Ah! Se eu soubesse" e "Ah! Se eu lembrasse". A Psicoterapia Reencarnacionista veio para ajudar as pessoas a aproveitarem sua atual encarnação, não repetirem erros do passado, ajudando-as a recordar vidas anteriores para conhecer seu padrão comportamental, o que chamamos de "Personalidade Congênita", que é como um *script*. Lá em cima tem o Telão, aqui embaixo, a Regressão, mas que deve ser realizada com Ética, comandada pelo Mundo Espiritual, segundo a orientação de *O Livro dos Espíritos*.

Na segunda sessão de regressão, ele acessou mais vidas passadas:

– É uma rua, um lugar simples, pobre, tem mais pessoas, é num tempo antigo.

– *Sim, continua.*

– Tem algumas pessoas reunidas, parece que vai ter uma guerra, um ataque, algo assim (apreensivo).

– *Sim.*

– Estão nos atacando, eu sou do povo, não dos cavaleiros, querem nos prender, estão nos levando para algum lugar, nos prenderam. Nos deixam ali. Prenderam muita gente. Eles são de outro lugar, é na Idade Média, é em meio a uma guerra, eu não participo, mas sinto medo do que está acontecendo (fica bem tenso).

– *E depois? O tempo foi passando, o que aconteceu?*

– Houve uma fuga, me mataram com uma espada no pescoço, muita gente morta, alguns agonizando, caídos, eu morri ali (resignado).

– *E depois que morre o corpo? Tu és um Espírito, continua lembrando e me contando.*

– Tem uma Luz em cima do meu corpo, me puxando para cima, eu quero ir embora mesmo (suspira).

– *E quando vais subindo...*

– Vai ficando tudo melhor, vai passando, fui direto para cima.

– *E como é lá em cima, aonde tu chegas...*

– Parece um templo, um lugar bem tranquilo, é para descansar, fazer uma espécie de relaxamento ali. Parece que a gente pode falar com Espíritos mais evoluídos, eles ensinam a gente.

– E o que tu aprendes? O que acontece?

– Eles falam da nossa maneira de agir, que devemos agir da maneira como a nossa Consciência manda, fazer as coisas da melhor maneira possível.

– Sim, continua.

– Agora eu saí de lá, fui para outro lugar, tem pessoas falando, explicando algumas coisas.

– O que é? O que ensinam?

– É sobre a próxima vida, estão dizendo que vou ter de ler alguns livros, estudar sobre isso.

– E como tu te sentes?

– Muito bem, calmo. Agora estou em outra vida, parece que é o Egito, tem camelos, tenho uma mulher e filho, sou meio separado dos outros, faço negócios, vendo alguma coisa.

– E como tu és aí? Como é a tua vida?

– Estou saindo, indo para um encontro, fazemos negócios ilegais, não fico muito em casa, negócios com ouro.

– Sim.

– Descobriram, querem nos pegar (suspira). Estão nos levando para algum lugar, estamos presos, um porão, um lugar fechado.

– Sim.

– Estão nos batendo, para a gente contar, falar, vão nos matar (fica sério, com ar de medo, tenso). Enforcamento (suspira e fica em silêncio).

– Sim, e o que aconteceu?

– Nos mataram, me dói a cabeça, estão nos tirando agora, levando meu corpo, eu queria voltar para minha casa, vão nos enterrar.

– E depois que morre teu corpo, o que tu fazes?

– São eles de novo, querem que eu aceite que morri para poder subir, me conformar. Estamos subindo.

– E para onde tu vais?

– Dessa vez eu fiz uma coisa errada, eu tinha culpa naquela morte, fiquei num lugar mais embaixo, para aprender.

– E como é esse lugar mais embaixo?

– É meio escuro, não tem nada, fico ali, sozinho, eu quero ir para outro lugar, mas não tem como. Parece que eu ainda quero me vingar daquelas pessoas que me bateram, que me mataram.

– Sim.

– Fiquei muito tempo aqui. Agora estou saindo, estou em um lugar melhor.

– E como é esse lugar?

– Um lugar para aprender sobre os erros, sobre o que aconteceu. Tem a ver com aquela outra vida também.

– E o que tu aprendes aí, para a tua vida atual?

– Tomar atitudes mais certas, naquela vida eu também tinha feito coisas erradas.

– E depois? Vais ficando aí no Mundo Espiritual, como é que tu vais te sentindo?

– Melhor, mais elevação, mais tranquilo, melhorei bastante. Começo a fazer parte das outras pessoas, a interagir, não ficar mais tão sozinho. Vão mostrando como ajudar os outros, a ser bom, todo mundo é igual, não se preocupam com quem tem mais poder, quem manda mais. Eu agora ajudo a organizar algumas coisas, arquivos.

– O que é que tu organizas?

– Histórias, coisas para as pessoas aprenderem, tipo autoajuda.

– E como tu estás te sentindo agora?

– Bem melhor, mais em paz, eles me dão importância, eu ajudo, me sinto bem.

– E tu sentes algum medo, algum bloqueio?

– Não, eu me sinto bem mais forte, bem mais capaz de ajudar os outros

– E como é que tu podes ajudar mais os outros nesta tua vida atual? Evoluir espiritualmente?

– Tenho de seguir o exemplo do que eu fazia lá, ser feliz, ajudar as pessoas, ser cordial, tratar bem todo mundo.

– *Que bom, é isso mesmo. Então relaxa, te solta, aproveita essa paz, esses ensinamentos, traz contigo quando voltares. Outro dia podemos ver mais situações do teu passado, sempre com a autorização dos teus Mentores Espirituais. Tudo já passou, terminou, tu te desligaste dessas duas vidas, daquele homem que morreu enforcado, desse homem que fazia negócios ilegais, aproveita os ensinamentos, pensa por que, entre tantas vidas passadas, teus Mentores escolheram essas duas para tu recordares, o que pode ter a ver contigo ainda hoje, descansa agora, relaxa, aproveita.*

COMENTÁRIO

Vejam que ele estava novamente sintonizado em uma vida passada em que foi morto, dessa vez com uma espadada no pescoço, e em outra vida em que negociava ouro de uma maneira ilegal, parece que roubavam, vendiam, foi preso e enforcado. Será que sua asma vem dessas vidas? Espadada no pescoço, enforcamento, muitos casos de asma, principalmente iniciando na infância, vêm de situações traumáticas de outras encarnações e podem melhorar muito, até mesmo curar-se, com a Regressão. Aproveitei para lhe falar sobre as armadilhas da vida terrena: ficar rico, famoso, acumular bens materiais de qualquer maneira (mesmo ilícita) etc. Ele me diz que faz faculdade de Administração, que um dia vai ter de entrar no mundo dos negócios, então lhe peço que pense por que, entre tantas vidas passadas, seus Mentores escolheram uma em que ele morreu pela espada, e outra onde cometia atos desonestos. Falei que ele poderia ser administrador de um Centro Espírita, de uma ONG, de uma Instituição ecológica, de uma obra de caridade, de um hospital, enfim, de algo que vise ao bem, sem descuidar de ficar atento às armadilhas da vida terrena.

As regressões, dirigidas pelos Seres Espirituais, visam a mais do que apenas desligar-se de fatos traumáticos do passado para curar sintomas focais (Fobias, Pânico, Depressão, dores físicas crônicas etc.), elas trazem também muitas lições, aprendizados, ensinamentos, *e s*empre devemos pensar: Por que meus Mentores, entre tantas vidas passadas, me conduziram logo a essa(s) vida(s)? O que estão querendo ensinar-me? Este é um dos grandes benefícios da Regressão, além do desligamento: a conscientização.

CASO 4

Uma mulher, de 59 anos de idade, vem à consulta e relata que tem Fobia de água, que não gosta de entrar na água. No chuveiro, com a água caindo na cabeça, começa a passar mal, sente-se sufocada. Em piscinas, vai só na parte mais rasa. Também diz que sofre de ansiedade crônica, sente um sufoco, um aperto no peito. Está sempre preocupada com os filhos, os parentes, os irmãos, com um medo de que possa acontecer alguma coisa com eles, e isso não sai de sua cabeça. Tem rinite, sinusite e bronquite desde que era bebê, sempre tomando remédios, fazendo tratamento, internações. Com 6 meses de idade teve difteria. Lembra que seu pai era muito duro, os filhos tinham muito medo dele, e sua mãe batia muito e não podiam chorar. Sente muita tristeza lembrando-se disso.

Na primeira sessão de regressão, ela relata: "Vejo uma casa perto do mar, crianças correndo, tem uma criança de uns 5 ou 6 anos e uma mulher alta. A casa está caindo, desabando, um vento, caiu tudo no mar ou foi o mar que subiu. As tábuas ficaram boiando. A criança está lá no mar, no meio das tábuas, vai em direção a uma ilha, o mar está agitado, ondas bem altas. A criança desce pro fundo, ela vai afundando, afundando, a água é bem escura, ficou muito tempo lá... Agora me vejo em cima do mar, estou subindo, subindo, vendo do alto, vai ficando tudo branco, é bom, vou ficando em paz. Não tenho mais medo, não estou mais sozinha, tem pessoas boas aqui". Em seguida, ela acessa outra vida passada: "É um barco, no mar, vai em direção a uma ilha, eu desço, tem muitas pessoas, todos de roupas como a minha, somos soldados, estamos indo para os barcos agora, com armas, são lanças, paus, estamos indo para uma batalha. Aparece uma muralha, temos de invadir, não conseguimos, somos todos mortos, levo uma pancada na cabeça, todos boiando no mar. Vou subindo, vendo tudo de cima, tem vários Espíritos ajudando, vão me levando, são semitransparentes, flutuam. Vamos em direção a uma Luz, muito forte. Me sinto bem, fico igual a eles, vai passando tudo. Estou bem".

Na reconsulta, após um mês, me diz que a falta de ar que sentia, aquele aperto no peito, passou completamente, nunca mais teve de usar o broncodilatador, a rinite melhorou bastante, seu sono está mais tranquilo e a preocupação com parentes e filhos está dentro do normal.

Na segunda sessão de regressão, acessa uma vida passada em que é um rapaz alegre que canta e dança, mas em um acidente quebra uma das pernas e vai ficando muito mal com isso, perdendo a alegria de viver, isolando-se, envelhecendo sozinho e triste, até morrer, quando é ajudado por Seres Espirituais que o levam para o alto, onde chega em uma Luz e começa a se sentir bem, mais calmo, mais feliz. Em seguida, acessa outra vida em que era uma menina, fica moça, tem um homem que a sufoca, apertando seu pescoço, num porão, ela morre, ele a deixa lá, e ela vê Espíritos de Luz que vêm buscá-la, ela vai subindo, vê seu corpo lá embaixo, chega num lugar bonito, de natureza, um gramado, muitas flores, pessoas de branco, vai se sentindo melhor, ficando bem, em paz.

COMENTÁRIO

Ela não voltou mais ao tratamento após a segunda sessão, mas pela melhora que teve depois da primeira, e considerando que nenhuma das vidas anteriores encontradas na segunda envolvia situações traumáticas com água, é de se supor que sua Fobia de água vinha das vidas acessadas na primeira sessão, e portanto já deve estar curada disso. Pode-se imaginar a ansiedade que ficou aquele moço da perna quebrada por não poder mais dançar, tendo se isolado e ficado triste. Quem sabe é a ansiedade que ela sentia até hoje? E o estrangulamento pode ter sido a causa de sua asma desde criança na vida atual, além, é claro, das duas mortes por afogamento. Lembram-se de sua difteria com 6 meses de idade? Pescoço. A preocupação com seus filhos e familiares melhorou após a primeira sessão, então tinha a ver com aquelas duas vidas que acessou (e das quais se desligou) lá. Estamos encontrando a origem dos sintomas das Fobias, do Pânico e da Depressão de pessoas em suas encarnações passadas, desligando-as de lá, e encontrando também a possibilidade de grande melhoria, até mesmo de cura, para vários transtornos rotulados como incuráveis.

CASO 5

Um homem, de 36 anos de idade, vem à consulta e me diz: "Tenho Fobia de lugares fechados, não posso me sentir preso. Num restaurante, por exemplo, tenho de me sentar num canto de onde possa sair rapidamente, escapar. Em lugares com muita gente, como num shopping, começo a me sentir mal em meio à multidão, vai me dando falta de ar, uma espécie de vertigem, começo a me sentir perdido, vou ficando fora de mim, diferente". Pergunto-lhe da sua infância: "Eu nasci com fórceps, acho que não queria sair de lá.

Quando criança, estava sempre mal do estômago, sentia dores horríveis, crises como algo me torcendo, de me atirar no chão de tanta dor. Isso durou até os 20 anos, mais ou menos. E os exames não davam nada, médicos, remédios, nada adiantava. Nunca pude ver sangue, alguém com um corte ou um machucado, em mim também. Até hoje sou assim. Para tirar sangue, sinto calafrios, começo a suar, parece que vou desmaiar. Desde pequeno me vem à cabeça uma cena de um lugar fechado, apertado. Com uns 13-14 anos, comecei a ter crises de Pânico de uma hora para outra, em qualquer lugar. Começava com falta de ar, sufocamento, parecia que ia desmaiar, e isso nunca passou. Até hoje, é um medo da morte, não da morte em si, mas de como ela se dará, mesmo eu sendo Espírita, sabendo que a gente não morre, tenho esse medo, de morrer, de sofrer". Receitei-lhe Rescue, Mimulus e Passiflora e marcamos algumas sessões de regressão para tentar encontrar de onde vinham esses sintomas, os medos, a falta de ar.

Na primeira sessão de regressão, ele acessou uma situação na qual se sentiu preso, imobilizado, não conseguindo se mexer nem sair dali. Aos poucos, foi recordando que conseguiu, por fim, se mexer, e foi ficando mais leve, foi subindo, saindo dali, e viu então um lugar iluminado, para onde foi. Lá, começou a se sentir melhor, havia pessoas de branco que o receberam bem, e ficou tranquilo. Em seguida, acessou outra encarnação passada, era um dia muito quente, de sol forte, sentia um peso muito grande nas costas, como se estivesse carregando algo pesado, como se fosse obrigado a fazer isso todos os dias, pareciam pedras grandes. Num certo momento, não aguentou mais, parou, caiu e foi agredido, sendo depois amarrado em um lugar onde foi morto. Recordou que saiu de seu corpo, que começou a subir, que Seres Espirituais vieram ajudá-lo e o levaram para um lugar claro, bonito, onde foi se sentindo melhor, mais leve. Era um lugar de Luz e um senhor de barbas brancas se aproximou e conversou com ele. Então, sentiu-se bem, em paz.

Na segunda regressão, acessou uma encarnação passada em que foi empurrado para a morte do alto de um penhasco. Recordou que subiu para o Mundo Espiritual, onde, após um tempo, ficou bem. Em seguida, viu outra vida passada em que matou uma pessoa com um golpe de foice, foi preso, condenado e executado na guilhotina, saiu do corpo, alguns Seres vieram buscá-lo, foi para um hospital no Astral, onde foi tratado até ficar bem. Acessou outra vida ainda, desta vez no Oriente, onde se viu defendendo uma mulher e duas crianças de um homem velho com uma espada, sendo morto com um golpe na garganta. Subiu para o Mundo Espiritual, onde foi melhorando, até encontrar a paz.

Na terceira sessão de regressão, numa vida passada ele morreu com uma flechada na barriga e foi levado para um hospital no Mundo Espiritual, onde foi tratado. Em certo momento, reviu uma cena de sua infância na vida atual, quando se machucou e sangrou, sentindo muita repugnância.

COMENTÁRIO

Nessas três sessões, ele acessou e desligou-se de seis vidas passadas. Estava sintonizado naquele lugar fechado, onde não podia se mover, não conseguia sair de lá, estava naquela vida em que carregava pedras, foi preso, amarrado e morto apedrejado, estava naquele penhasco do qual foi atirado, naquela vida em que foi preso, julgado e morto na guilhotina, naquela outra em que foi morto com um golpe de espada no pescoço, e ainda em uma na qual foi morto com uma flechada na barriga, e em sua infância atual, quando sentiu repugnância pelo sangue que saía de um machucado. Então, pôde entender por que sentia as dores, a falta de ar, a angústia, o medo da morte etc. Depois dessas regressões, ficou muito bem e libertou-se de vez dos sintomas que trazia em seu Inconsciente há muitos séculos.

TRATANDO PÂNICO
COM TERAPIA DE REGRESSÃO

CAPÍTULO 1
O QUE É O
TRANSTORNO DO PÂNICO?

A VISÃO TRADICIONAL

Na visão tradicionalmente aceita, o Transtorno do Pânico é um distúrbio nitidamente diferente de outros tipos de ansiedade, caracterizando-se por crises súbitas, sem fatores desencadeantes aparentes e, com muita frequência, incapacitando a pessoa a ter uma vida normal. Depois de uma primeira crise, por exemplo, quando está dirigindo, fazendo compras em uma loja lotada ou frequentando algum local aberto, uma praça, um estádio de futebol, a pessoa pode desenvolver um **medo irracional**[1] dessas situações e começar a evitá-las. Gradativamente, o nível de ansiedade e o medo de uma nova crise podem atingir proporções tais que o indivíduo com Transtorno do Pânico pode até se tornar incapaz de dirigir ou sair de casa. Nesse estágio, diz-se que tem Transtorno do Pânico com Agorafobia. Assim, o Transtorno do Pânico pode ter um impacto tão forte na vida como outras doenças mais graves, a menos que a pessoa acometida receba um **tratamento eficaz**[2] e **seja compreendida pelos demais**[3].

O Transtorno do Pânico é definido como crises recorrentes de forte ansiedade ou medo. Essas crises são intensas e repentinas, provocando uma forte sensação de mal-estar físico e mental juntamente com **um comportamento de fuga do local onde se encontra**[4], seja indo para um pronto-socorro, seja buscando ajuda de quem está próximo, seja querendo voltar para casa.

A reação de Pânico é considerada normal quando existe uma situação que favoreça seu surgimento (por exemplo, estar em um local fechado onde começa um incêndio, estar se afogando ou em qualquer situação com iminente perigo de morte). Mas quando essa mesma reação acontece **sem motivo aparente**[5], de modo espontâneo, e começa a repetir-se com frequência, aí o Pânico passa a ser identificado como patológico, e por isso é chamado de Transtorno do Pânico.

Os pacientes com Transtorno do Pânico costumam procurar ajuda profissional, **sem que ninguém seja capaz de lhes dizer qual a verdadeira origem de seus males**[6]. Então passam por uma série interminável de consultas e exames, mas poucas vezes têm seu problema resolvido. Cerca de três quartos das pessoas com este **distúrbio mental**[7] tratam-se com cardiologistas, neurologistas ou outro especialista, e não com **um psiquiatra ou psicólogo**[8]. A maioria dos portadores de Transtorno do Pânico **não trata sua doença de forma adequada**[9], e um diagnóstico errado pode levar essas pessoas a conviverem com enormes desconfortos que acabam se estendendo para toda a família.

Os sintomas físicos de uma crise de Pânico aparecem subitamente, sem nenhuma causa aparente. São **como se fossem uma preparação do corpo para alguma coisa terrível**[10]. A reação natural diante de um perigo é acionarmos nossos mecanismos de fuga, em que o organismo procura aumentar a irrigação de sangue no cérebro e nos membros, para fugir, em detrimento de outras partes do corpo. E a pessoa pode ter uma forte tensão muscular, palpitações, tonturas, atordoamento, náusea, dificuldade de respirar, boca seca, calafrios ou ondas de calor, sudorese, sensação de estar sonhando ou percepção distorcida da realidade, terror, sensação de que **algo** inimaginavelmente horrível está prestes a acontecer e é impotente para evitar tal acontecimento[11], confusão, pensamento rápido, medo de perder o controle, medo de fazer algo embaraçoso, **medo de morrer**[12], vertigens, sensação de debilidade etc.

Uma crise de Pânico pode durar minutos ou horas, sendo extremamente angustiante. A maioria das pessoas que já teve uma crise com certeza terá outras, se não buscar tratamento (psicológico e medicamentoso). O tratamento, além de amenizar as crises, poderá também, eventualmente, fazê-las desaparecer.

A VISÃO REENCARNACIONISTA

1. Medo irracional: O pânico que as pessoas sentem não é irracional, pelo contrário, é verdadeiro, verídico, mas tanto elas quanto seus familiares e os profissionais que tratam esses distúrbios não encontram explicação para os sintomas, não os entendem. Procuram na infância, nos arquétipos da humanidade, nos neurotransmissores, e nada encontram, pois o Transtorno do Pânico é uma sintonia com fatos altamente traumáticos de outras encarnações. O medo "irracional" ocorre porque, naquele momento, o Inconsciente identifica uma situação similar pela qual a pessoa já passou em outra época e que ainda está ativa dentro dele. Quando o Inconsciente sente que algo parecido pode acontecer novamente, aciona todos os mecanismos fisiológicos para fugir ou para lutar, e daí vêm os sintomas.

2. Tratamento eficaz: Concordamos plenamente com a necessidade de um "tratamento eficaz", mas o que é isso? Tradicionalmente, um tratamento eficaz é constituído de dois aspectos: o psicológico e o medicamentoso. O psicológico tradicional, indo apenas até a infância, e o medicamentoso, indo apenas até os neurotransmissores, poucas vezes consegue ser um tratamento eficaz, em termos de cura, não de amenização ou supressão dos sintomas. Todos os terapeutas de regressão recebem, diariamente, pessoas que estão há muito tempo (anos ou décadas) sendo submetidas a esses tratamentos "eficazes", obtendo apenas uma melhora parcial ou temporária, quando muito, até ser necessário aumentar a dose do psicotrópico ou trocar por outro, ou tentar um mais moderno, de última geração. O tratamento eficaz, em nossa opinião e na de milhares de médicos, psicólogos e terapeutas alternativos em todo o mundo, é buscar a origem do que causou o Transtorno do Pânico, ir até onde isso está. E, em 100% dos casos, está em vidas passadas, e se a pessoa não se desligar disso, não se pode falar em tratamento eficaz. O que existe oficialmente são tratamentos ao velho estilo alopático de remédios químicos paliativos para baixar a adrenalina e aumentar a serotonina, tratamentos psicológicos de diversas linhas etc. Porém, quando a "doença" é uma fixação na memória, só pode ser curada indo-se até a memória.

3. Seja compreendida pelos demais: As pessoas que não acreditam ou não lidam com a Reencarnação queixam-se de que não têm a mínima ideia de por que sentem isso, por que têm as crises, de onde vem esse medo, esse terror, mas querem compreender seu sofrimento e encontrar uma solução definitiva. Aquelas que acreditam na Reencarnação queixam-se de que sabem que o que sentem não é desta vida, é de vidas passadas, mas os psicólogos e psiquiatras que já consultaram não acreditam ou, se acreditam, não querem falar sobre isso, e então querem tratar-se com profissionais que lidem com esse passado. Muitos psicólogos e psiquiatras reencarnacionistas não trabalham com a Terapia de Regressão porque entendem que a Lei do Esquecimento deve ser respeitada. Nós, da Associação Brasileira de Psicoterapia Reencarnacionista (ABPR), também pensamos assim, por isso não dirigimos a recordação (regressão), apenas ajudamos a pessoa a promover um relaxamento de seu corpo físico e uma elevação de sua frequência, para que seus Mentores

Espirituais direcionem a recordação para a situação originária do Pânico, onde a pessoa ainda está sintonizada e que é ativada quando seu Inconsciente acha que aquilo vai acontecer de novo. E também somos contrários ao incentivo ao reconhecimento de pessoas do passado, como é feito por alguns terapeutas de regressão, por ser uma gravíssima infração à Lei do Esquecimento.

4. Um comportamento de fuga do local onde se encontra: Quando uma pessoa entra em uma crise de Pânico e quer, a todo custo, fugir do local onde se encontra, escapar, voltar para casa, procurar ajuda, ir a um Pronto-Socorro, ela não está mais apenas aqui, no momento presente, mas está também lá, naquela vida passada, onde tudo o que queria era realmente fugir do local onde estava sendo atacada, onde ia ser linchada ou enforcada, onde estava acontecendo uma tragédia, um incêndio etc. A crise de Pânico "irracional", "sem motivo", é intensa, dramática, apavorante, porque a pessoa está regredida, está aqui e lá naquela encarnação, onde o medo está realmente acontecendo, só que, quando estava lá, sabia o que era, e quando está aqui, na vida atual, aquilo emerge de repente de seu Inconsciente e ela não tem a mínima ideia do que é! Seu psicólogo e seu psiquiatra também não, a não ser que acreditem na Reencarnação, mas a maioria desses profissionais, infelizmente, não tem a coragem de assumir publicamente sua convicção nem de trabalhar com ela em seu consultório.

5. Sem motivo aparente: O motivo está escondido dentro do Inconsciente. Quando uma pessoa entra em pânico, ela regride para o passado e lá está o motivo.

6. Sem que ninguém seja capaz de lhes dizer qual a verdadeira origem de seus males: Todos os terapeutas de regressão que lidam com a Reencarnação são capazes de dizer a verdadeira origem de seus males: traumas de vidas passadas. E também são capazes de melhorá-los ou mesmo curá-los em poucos meses, se as forças interiores e exteriores dos pacientes assim o permitirem. As forças interiores que podem prejudicar o tratamento geralmente são sentimentos de culpa advindos de outras encarnações, que fazem com que a pessoa acredite que não pode melhorar, curar-se, pois não merece... As forças exteriores são os Espíritos obsessores que estão ali, a seu lado, influenciando-os mentalmente para abandonar o tratamento.

7. Distúrbio mental: O que é um distúrbio mental? É uma alteração da mente, são pensamentos estranhos, inexplicáveis, de difícil ou impossível entendimento. Mas onde está a mente? No cérebro? Não, a mente está no nosso terceiro corpo, o corpo mental, pois somos um Ser Energético constituído de vários corpos. O corpo físico é o temporário, o descartável, o único facilmente visível. O corpo emocional é sede dos sentimentos e das sensações, e o corpo mental é a sede dos pensamentos. Esses e outros corpos, ainda mais sutis, constituem o que as religiões chamam de Espírito. Para afetar beneficamente um distúrbio mental, é preciso ir até o corpo mental, a sede do pensamento, algo que os remédios químicos não conseguem, pois param no cérebro, e não é nele que os pensamentos estão. Para chegar nos pensamentos, um procedimento que pretenda ser curativo tem de ter a mesma sutileza deles, e essa é energética, ou então desligar os pensamentos prejudiciais de sua origem, que é o que faz a regressão, atuando diretamente na memória.

8. Um psiquiatra ou psicólogo: Cada pessoa deve procurar o profissional de saúde mental e emocional que melhor se encaixe em suas convicções, em sua maneira de ver a vida, e esses profissionais podem ser divididos em duas categorias: os que não acreditam e os que acreditam na Reencarnação. Quem não acredita na Reencarnação deve procurar os profissionais que também não acreditam nela e submeter-se aos tratamentos pertinentes a essa visão. E quem acredita deve procurar os profissionais que também acreditam, para buscar a origem dos sintomas investigando seu Inconsciente e, se necessário, também seu entorno espiritual, nos Centros Espíritas gratuitos. Porém, grande parte das pessoas que têm Fobia ou sofrem de Pânico e acreditam na Reencarnação fica anos, décadas, tratando-se com profissionais que não acreditam e, assim, em vez de resolverem o problema lá na raiz, ficam tratando apenas os sintomas.

9. Não tratam sua doença de forma adequada: A forma adequada é a de cada um, de cada profissional. Para os que seguem a linha tradicional, é tratar a infância, a vida atual e os neurotransmissores. Para nós, a forma adequada é ajudar a abrir o Inconsciente para que, de lá de dentro, comparando com um furúnculo, saia o que está incomodando, como uma limpeza, uma exoneração.

10. Como se fossem uma preparação do corpo para alguma coisa terrível: Não é como se fossem, são mesmo uma preparação do corpo para alguma coisa terrível! No momento do Pânico, a pessoa está realmente em pânico, lá naquela vida onde uma coisa terrível vai acontecer ou está acontecendo! Quem já fez regressão a vidas passadas, ou quem assistiu, sabe que estamos vivendo várias vidas concomitantemente, e na regressão aflora a vida passada que está incomodando, para poder ser eliminada.

11. Algo inimaginavelmente horrível está prestes a acontecer e é impotente para evitar tal acontecimento: Um ataque de um poderoso exército inimigo, de uma tribo rival, o momento de seu enforcamento, de um estupro, um incêndio terrivelmente ameaçador, não é algo inimaginavelmente horrível, ainda mais quando se é impotente para evitar que aconteçam? Como é possível que um Concílio realizado em 553 d.C. tenha conseguido afastar a Reencarnação de algumas Religiões e da Psicologia e da Psiquiatria até hoje, e com isso uma enorme possibilidade de cura efetiva das Fobias, do Transtorno do Pânico, das Depressões severas, das dores físicas crônicas etc.?

12. Medo de morrer: Uma pessoa que regride a uma situação terrivelmente ameaçadora em uma vida passada sente o mesmo medo de morrer que sentia lá. A pessoa em pânico está lá no passado, com um medo enorme de morrer, e, pior, nesse momento seu Inconsciente sabe que morreu mesmo, ou conseguiu sobreviver mas aquilo lhe afetou profundamente, a ponto de trazer esse trauma até hoje. A possibilidade de cura? Recordar a situação, a morte lá, o desencarne, a subida ao Mundo Espiritual, recordar que tudo foi passando, melhorando, até lembrar-se de que ficou bem, e aí a recordação pode ser encerrada: a pessoa já está desligada de uma vida que originou o Pânico. Pela nossa experiência com cerca de 10 mil pessoas regredidas, geralmente existem 3 ou 4 encarnações passadas que devem ser acessadas, recordadas e desligadas, e isso pode ser feito em apenas 2 ou 3 sessões de regressão, dispensando remédios e anos e anos de tratamento.

CAPÍTULO 2
O DIAGNÓSTICO DO TRANSTORNO DO PÂNICO

A VISÃO TRADICIONAL

O diagnóstico do Transtorno do Pânico possui critérios bem definidos, e não é classificado como Transtorno do Pânico qualquer – reação intensa de medo. Apresentamos aqui os critérios utilizados para fazer este diagnóstico:

A ocorrência de vários ataques em um período de semanas ou meses. Quando acontece apenas um ataque, é preciso precaver-se para a possibilidade de novos ataques e também para as consequências do primeiro, por meio da preocupação com doenças, da realização de consultas e exames médicos, da informação a respeito das manifestações de doenças etc.

Dentre vários sintomas, pelo menos quatro dos seguintes devem estar presentes:

* **Aceleração da frequência cardíaca** (ou sensação de batimento desconfortável), **sudorese** (difusa ou localizada, principalmente nas mãos ou nos pés) e **tremores**[1] nas mãos, nas extremidades ou difusos por todo o corpo.

* **Sensação de sufocação ou dificuldade de respirar**[2]

* **Sensação de desmaio iminente**[3]

* **Dor ou desconforto no peito**[4] (o que leva muitas pessoas a acharem que estão tendo um ataque cardíaco)

* **Náusea ou desconforto abdominal**[5]

* **Tonteiras, instabilidade, sensação de estar com a cabeça leve ou vazia**[6]

* **Despersonalização**[7]

* **Desrealização**[8]

* **Medo de enlouquecer ou de perder o controle de si mesmo**[9]

* **Medo de morrer**[10]

Os sintomas do Pânico são decorrentes do aumento brusco da adrenalina, que provoca alterações fisiológicas que preparam o indivíduo para o enfrentamento de um perigo, com o aumento da frequência cardíaca (para melhor oxigenação muscular), a hiperventilação (aumento da frequência respiratória), que é o principal motivo do surgimento dos sintomas, e a baixa da serotonina. A noradrenalina é o hormônio precursor da adrenalina, e é utilizada pelo sistema de alerta do indivíduo. A serotonina é o neurotransmissor envolvido na excitação de órgãos e na constrição de vasos sanguíneos, sendo fundamental na percepção e avaliação do meio externo ao ser humano, bem como na resposta a estímulos ambientais. Durante a hiperventilação, o organismo excreta uma quantidade maior de gás carbônico, e essa diminuição do gás carbônico promove um aumento no pH sanguíneo (alcalose metabólica) e, consequentemente, uma maior afinidade da albumina plasmática pelo cálcio circulante, o que irá se traduzir clinicamente por uma hipocalcemia relativa (por redução na fração livre do cálcio).

Os sintomas dessa hipocalcemia são sentidos em todo o organismo:

a) Sistema Nervoso Central: ocorre vasoconstrição arterial que se traduz em vertigem, escurecimento da visão e sensação de desmaio.

b) Sistema Nervoso Periférico: ocorre dificuldade na transmissão de estímulos pelos nervos sensitivos, ocasionando parestesias (formigamentos), que têm uma característica própria: são centrípetas, ou seja, ocorrem da periferia para o centro do corpo. A pessoa queixa-se de um formigamento que acomete as pontas dos dedos e se estende para o braço (em luva, nas mãos; em bota, nos pés), e também de um adormecimento da região que compreende o nariz e o entorno da boca (característico do quadro).

c) Musculatura Esquelética: a hipocalcemia causa aumento da excitabilidade muscular crescente, que se traduz inicialmente por tremores de extremidades, seguido de espasmos musculares (contrações de pequenos grupos musculares: tremores nas pálpebras, pescoço, tórax e braços), chegando à tetania (contração muscular persistente), com queixa de dificuldade para a abertura dos olhos (contratura do músculo orbicular dos olhos), dor torácica alta (contratura da porção superior do esôfago), sensação de aperto na garganta (contração da musculatura da hipofaringe), de abertura da boca (contratura do masseter e de músculos faciais), e contratura das mãos, sendo muito frequentes as cãibras. Como a hiperventilação é realizada através de respiração bucal, traz duas consequências diretas: ressecamento da boca (boca seca) e falta de ar (ocasionada pela não estimulação dos nervos sensitivos intranasais).

A VISÃO REENCARNACIONISTA

1. Aceleração da frequência cardíaca, sudorese, tremores: Esses sintomas clássicos são provocados pelo aumento da adrenalina, o que ocorre quando estamos em um momento de estresse ou em uma situação de perigo ou morte iminente e temos de fugir ou lutar. Porém, isso não está acontecendo... Por que essa pessoa está assim, com taquicardia, suando, tremendo? Porque é isso que está acontecendo em outra vida: ela está lá, numa crise de Pânico. Aqui, olhando em volta, nada está acontecendo, mas lá, sim, e isso é considerado sintoma. As pupilas dilatam-se, o coração acelera para irrigar mais os músculos, a respiração fica ofegante, tudo devido à maior liberação de adrenalina. Este é o nosso condicionamento para sobrevivermos caso haja algum perigo real, é um sistema de alarme, que dispara mesmo que não haja qualquer perigo externo evidente. Tudo isso acontece dentro do Inconsciente.

2. Sensação de sufocação ou dificuldade de respirar: Esse sintoma pode ser decorrente de uma situação de falta de ar, como um enforcamento, uma morte numa câmara de gás em campo de concentração, uma flechada ou um golpe de espada no pescoço, em uma vida passada, e que, de repente, sem um motivo aparente, a pessoa acessa e começa a sentir de novo o que sentia lá. Ela está aqui e lá ao mesmo tempo, mas quase sempre mais lá do que aqui.

3. Sensação de desmaio iminente: É o momento do passado em que a pessoa sente que vai cair ou está caindo e não tem mais forças, vai desfalecendo... Geralmente, depois desse momento vem a morte lá na vida passada.

4. Dor ou desconforto no peito: Além da ação das substâncias liberadas na crise de Pânico que provocam esses sintomas, já ouvimos muitas vezes, nas sessões de regressão, pessoas relatarem mortes por flecha, lança, tiro etc. no peito e, nesse momento, afirmarem que é exatamente igual à dor que sentem quando estão tendo um ataque de Pânico.

5. Náusea ou desconforto abdominal: O medo intenso provoca esses sintomas. Algumas vezes é exacerbado por algo que aconteceu na situação original, como estar vendo várias pessoas feridas, mortas, muito sangue, abuso físico ou sexual etc.

6. Tonteiras, instabilidade, sensação de estar com a cabeça leve ou vazia: No momento em que o medo domina uma pessoa, temos a tendência a querer fugir da situação, e como não somos nosso corpo físico, apenas estamos nele, podemos tentar fugir do corpo, e essa tentativa de fuga pode provocar uma tontura, uma instabilidade, uma sensação estranha na cabeça etc. Por isso, o Dr. Bach, médico inglês do início do século 20, criador da Terapia Floral, desenvolveu o Rescue (Resgate), um composto de cinco essências florais para momentos de medo intenso ou Pânico, e entre elas está o Clematis, que visa a nos manter no corpo, para agirmos como devemos ou podemos.

7. Despersonalização: É uma sensação comum nos estados ansiosos e que pode surgir mesmo fora dos ataques de Pânico. Caracteriza-se por dar à pessoa uma sensação de não ser ela mesma, como se estivesse observando a si mesma. Isso não é uma sensação irreal, pois, como sabemos, nesse momento a pessoa está 80-90% lá naquela vida e 10-20% nesta. Lá ela era outra pessoa, por isso a despersonalização. Digamos que, aqui, chama-se João, e lá chamava-se Peter. No momento do Pânico, ela é mais o Peter do que o João. Isso chama-se psiquiatricamente de despersonalização, mas não é; é ela aqui e ela lá, muito mais lá do que aqui.

8. Desrealização: É a sensação de que o mundo ou o ambiente em volta estão diferentes, como se fosse um sonho ou houvesse uma nuvem, tudo fica estranho... Como, no momento da crise de Pânico, a pessoa está mais numa encarnação passada do que nesta, a sensação de que o mundo ou o ambiente em volta estão diferentes é real, pois ela está mesmo em outro lugar. Aqui está na rua, no shopping, no cinema, lá na outra vida está num campo de batalha, numa prisão, num cadafalso...

9. Medo de enlouquecer ou de perder o controle de si mesmo: Lá na origem do Pânico, a pessoa está enlouquecendo de medo por não poder evitar o que vai acontecer, por não ter o poder de mudar a realidade, não poder sair dali, não ter a possibilidade de alterar aquela situação; está com muito medo, não tem o que fazer, é iminente que vai morrer, ser enforcada, estuprada... não tem o controle do que está acontecendo ou do que vai acontecer... Mas ela está "aqui", sentindo a mesma coisa.

10. Medo de morrer: O medo de morrer é um dos sintomas mais fortes e dramáticos numa crise de Pânico, porque a pessoa está com medo mesmo, pode morrer a qualquer momento ou sabe que vai morrer, está a caminho de sua morte! Porém, não é um sintoma, é a mais pura verdade, ela vai morrer mesmo! Lá naquela vida... Se não se desligar definitivamente de lá com a Terapia de Regressão, como vai parar de ter essas crises? Não se trata de uma descarga de neurotransmissores, feita de maneira aleatória por um desequilíbrio cerebral, são acontecimentos reais!

CAPÍTULO 3
O QUE CAUSA O
TRANSTORNO DO PÂNICO?

A VISÃO TRADICIONAL

Pela visão tradicional, **as causas dos ataques de Pânico são desconhecidas**[1]; contudo, cada pensamento teórico vigente possui suas próprias teorias. Os pacientes, ao procurarem o psiquiatra pela primeira vez, geralmente têm suas próprias teorias ou explicações para o que está acontecendo. Assim, a única recomendação que o médico pode dar, por enquanto, é a de não pensarem a respeito, pois, como **não existem bases comprovadas para se especular a respeito das causas do Pânico**[2], qualquer ideia tem muito mais chances de estar errada do que certa.

Alguns consideram que as causas psicológicas são as mais comuns: um trauma de infância, uma carência afetiva no início da vida, uma reação a um estresse ou a uma situação difícil atual, cuja solução é igualmente difícil. Essa situação difícil pode ser profissional, afetiva, financeira, de saúde etc. Outros profissionais acreditam que as causas são físicas: alterações no organismo provocadas por medicamentos, doenças físicas, abuso de álcool e outras drogas. Uma teoria do sistema de "alerta" normal do organismo diz que o conjunto de mecanismos físicos e mentais que permite que uma pessoa reaja a uma ameaça verdadeira tende a ser desencadeado **desnecessariamente**[3] na crise de Pânico, sem que haja perigo iminente.

Algumas pessoas são mais suscetíveis a isso do que outras. Já foi constatado que o Transtorno do Pânico ocorre com maior frequência em algumas famílias, o que pode significar que há uma participação importante de algum fator hereditário (genético) na determinação de quem irá desenvolvê-lo. No entanto, muitas pessoas que desenvolvem esse transtorno não têm nenhum antecedente familiar.

O cérebro produz substâncias chamadas neurotransmissores que são responsáveis pela comunicação que ocorre entre os neurônios (células do sistema nervoso). Essas comunicações formam mensagens que irão determinar a execução de todas as atividades físicas e mentais de nosso organismo (andar, pensar, memorizar etc.). Um desequilíbrio na produção desses neurotransmissores pode levar algumas partes do cérebro a transmitir informações e comandos incorretos. **Isto é o que ocorre em uma crise de Pânico: existe uma informação incorreta alertando e preparando o organismo para uma ameaça ou perigo que na realidade não existe.**[4] É como se tivéssemos um despertador que passasse a tocar o alarme em horas totalmente inapropriadas. **No caso do Transtorno do Pânico, os neurotransmissores que se encontram em desequilíbrio são a adrenalina e a serotonina.**[5]

Vale ressaltar, ainda, que alguns medicamentos, como as anfetaminas (usadas em dietas de emagrecimento), ou drogas (cocaína, maconha, crack, ecstasy etc.) podem aumentar a atividade e o medo, promovendo alterações químicas que podem levar ao Transtorno do Pânico.

A VISÃO REENCARNACIONISTA

1. As causas dos ataques de Pânico são desconhecidas: Não é verdade. Todos os reencarnacionistas (cerca de 4 bilhões de pessoas em todo o mundo, que acreditam que somos um Espírito que vive várias vidas aqui na Terra) sabem de onde vêm os sintomas do Pânico: de nossas vidas passadas. E com bastante frequência associados à presença de seres de pouca consciência, os chamados Espíritos Obsessores.

2. Não existem bases comprovadas para se especular a respeito das causas do Pânico: Isso também não é verdade, pois uma base sobre a qual se pode especular a respeito das causas do Pânico é a Reencarnação. Por meio dela, pode-se utilizar um raciocínio que possibilite pensar da seguinte maneira: O que pode ter acontecido em alguma vida passada desta pessoa, para que ela sinta esse Pânico, esse medo horrível, essa angústia, assim, de repente, sem qualquer motivo aparente? Em meu livro *Doutor, eu ouço vozes!*, sugiro que no rol de hipóteses diagnósticas a respeito das doenças mentais agregue-se mais uma: E se for verdade o que esta pessoa diz? E se ela estiver mesmo vendo um ser? E se estiver mesmo ouvindo uma voz? Quem sabe se isso se deve a traumas do passado, revividos na atual encarnação?

3. Desnecessariamente: As pessoas, durante as regressões, agem de acordo com sua maneira de ser, ou seja, as mais racionais, fleumáticas, vivenciam e relatam as situações de vidas passadas dessa maneira. Lembro-me de um homem que se viu sendo preso e encaminhado a uma praça onde foi guilhotinado. Seu relato parecia o de um espectador, sem emoção, sem angústia, sem medo: "Estão colocando minha cabeça ali... Vão me guilhotinar... Vejo minha cabeça rolar... Morri, estou subindo...". Parecia um lorde inglês, será que era um? Outras pessoas, mais emotivas, instintivas, sofrem, choram, gritam, querem levantar, manifestam medo, dor, raiva. Depois da regressão, geralmente comentam que sabiam que estavam ali na sala comigo, mas estavam lá na outra vida também, sentindo o que sentiram lá. É assim que ocorre numa crise de Pânico, a pessoa está aqui e lá ao mesmo tempo e a reação ao perigo não é desnecessária, um equívoco bioquímico, ela é real, verdadeira, só que, para quem olha aquilo, parece uma coisa estranha, uma faisqueira, ou, numa visão psiquiátrica, uma liberação "desnecessária" de adrenalina.

4. Isto é o que ocorre em uma crise de Pânico: existe uma informação incorreta alertando e preparando o organismo para uma ameaça ou perigo que na realidade não existe: A informação não é incorreta, pelo contrário; avisa que há um perigo mortal iminente, sendo necessário fugir ou lutar! Tive um paciente com Pânico que, em uma vida passada, viu-se sendo atacado por um urso enorme que o matou. Ele tentou fugir e, quando não deu, só lhe restou lutar contra o urso. A ameaça ou perigo que a pessoa sente "sem causa" é uma regressão espontânea provocada por uma situação na vida atual, esta sim sem perigo aparente, mas lá...

5. No caso do Transtorno do Pânico, os neurotransmissores que se encontram em desequilíbrio são a adrenalina e a serotonina: A serotonina e a noradrenalina realmente estão em desequilíbrio, mas isso que parece ser a causa do Pânico, na verdade, é consequência dele, ou seja, pelo medo, pela angústia extrema, pelo desconforto imenso, que provoca tristeza e, muitas vezes, Pânico, esses neurotransmissores desequilibram-se, então baixa a serotonina e sobe a adrenalina, numa reação do organismo ao que está acontecendo. O aumento da serotonina e a diminuição da adrenalina pela utilização de medicamentos químicos que atuam diretamente nos neurônios e nas conexões interneuronais fazem com que a pessoa sinta-se melhor, mais calma, com menos angústia, menos tristeza, e vá sentindo mais confiança em si, aumentando sua autoestima e melhorando sua vida. Mas esse procedimento é apenas caridoso, não cura o Pânico, apenas o atenua, assim como toda a Medicina alopática. Podem-se usar psicotrópicos por um tempo, mas isso não é um tratamento, é apenas uma paliação.

AS TEORIAS MAIS COMUNS

Como o Transtorno do Pânico é um conjunto de sintomas que vêm das vidas passadas dos pacientes e nem a Psicologia nem a Psiquiatria lidam com a Reencarnação, existem várias teorias para explicar o que só pode ser explicado entrando no Inconsciente dos sofredores. Vamos ver as mais aceitas oficialmente.

Neuroanatômica: Com base no princípio de que o ataque de Pânico é uma perturbação do sistema fisiológico que regula as crises normais de medo e ansiedade, os cientistas elaboraram hipóteses do fluxo de acontecimentos no cérebro dos pacientes com Pânico. A reação de Pânico começa no *locus ceruleus*, porque sua estimulação produz quase todas as reações fisiológicas e autonômicas do Pânico. O *locus ceruleus*, por outro lado, se conecta ao nervo vago, que se estende às regiões do tórax e do abdome, podendo explicar a origem do mal-estar abdominal e da sensação de sufocação e taquicardia, tão frequentes nas crises de Pânico. A ponte, onde está localizado o *locus ceruleus*, possui amplas conexões com o sistema límbico logo acima, e é neste sistema que se localizam as reações de medo e ansiedade. A ponte é também caracterizada por estar fora da área onde se pode exercer influência voluntária, como no córtex, e isso poderia explicar a origem inesperada e incontrolável das crises.

Comportamental: Para o modelo comportamental, a teoria neuroanatômica é insuficiente. Vários princípios comportamentais estão envolvidos no desenvolvimento do Pânico: o condicionamento clássico, o princípio do medo, a teoria da interpretação catastrófica e a sensibilidade à ansiedade. No princípio do condicionamento clássico, o paciente desenvolve o medo a partir de um determinado estímulo e, sempre que exposto a esse estímulo, a recordação de medo é evocada, fazendo com que a pessoa associe a ideia do medo ao local onde se encontra. Por exemplo, ao passar num túnel, caso sinta-se mal por qualquer motivo, passa a relacionar o túnel ao mal-estar, gerando equivocadamente uma nova reação de ansiedade, que passa a ser reforçada pelo alívio da saída do túnel. Esse modelo não explica todas as crises de Pânico, nem é pretensão do pensamento comportamental explicar tudo a partir de uma só teoria.

Psicanalítica: A teoria psicanalítica afirma que as crises de Pânico se originam do escape de processos mentais inconscientes até então reprimidos. Quando existe no Inconsciente um processo como uma ideia ou um desejo, ou uma emoção com a qual o indivíduo não consegue lidar, as estruturas mentais trabalham de forma a manter esse processo fora da Consciência. Contudo, quando o processo é muito forte, ou quando os mecanismos de defesa enfraquecem, os processos reprimidos podem aflorar "desautorizadamente" na Consciência do indivíduo pela crise de Pânico. A mente, nesse caso, trabalha no sentido de mascarar a crise de tal forma que o indivíduo continue sem perceber conscientemente o que de fato está acontecendo consigo. Por exemplo, ele tem uma atração física por uma pessoa com quem não pode estabelecer contato, como a própria irmã. Este desejo, então, fica reprimido, porque a real manifestação dele causaria intensa repulsa ou raiva de si próprio. Para que esses sentimentos negativos permaneçam longe da Consciência, a estrutura mental do indivíduo mantém o desejo reprimido. Caso esse desejo surja, apesar do esforço por reprimi-lo, o aparato mental transforma-o em outra imagem, podendo esta ser uma crise de Pânico. Uma vez que o equilíbrio mental foi ameaçado, o funcionamento mental Inconsciente transforma o conteúdo da repressão numa crise de Pânico.

COMENTÁRIO

É tão mais fácil explicar as coisas quando se agrega a Reencarnação... É só pensar assim: se essa pessoa fala que tem medo de algo aparentemente absurdo, deve ser por causa de vidas passadas. Se essa outra entra em pânico sem motivo, deve ser devido a algo em alguma vida passada e, quem sabe, haja algum Espírito obsessor lhe afetando? Pronto, só isso! Quando a Reencarnação fica de fora, tudo se torna mais complicado, livros e mais livros, teorias e mais teorias, numa vã tentativa de explicação. Quem tem razão é o Dr. Freud: a causa está dentro do Inconsciente, é preciso abrir essa "caixinha-preta". Nós fazemos isso, e o que encontramos lá dentro? A Reencarnação e as situações que originam essas "doenças", as nossas vidas passadas e os períodos intervidas.

CAPÍTULO 4
O TRANSTORNO DO PÂNICO É UM PROBLEMA SÉRIO?

A VISÃO TRADICIONAL

O Transtorno do Pânico é considerado um problema sério de saúde, pois 2 a 4% da população mundial sofre deste mal, que acomete mais mulheres do que homens, em uma proporção de 3 para 1. Há muito que o Transtorno do Pânico deixou de ser um diagnóstico de exclusão. Hoje, mais do que nunca, há a necessidade de um diagnóstico de certeza para tal entidade clínica. As pessoas que sofrem deste mal costumam fazer uma verdadeira *via crucis* a diversos especialistas médicos e, após uma quantidade exagerada de exames complementares, recebem, muitas vezes, **o patético diagnóstico do nada**[1], o que aumenta sua insegurança e desespero. Por vezes, essa situação dramática é reduzida a termos evasivos como: estafa, nervosismo, estresse, fraqueza emocional ou problema de cabeça. Isso pode criar uma incorreta impressão de que não há um problema de fato e de que não existe tratamento para tal patologia.

O Transtorno do Pânico é real e potencialmente incapacitante, mas **pode ser controlado com tratamentos específicos**[2]. Por causa dos sintomas desagradáveis, pode ser confundido com uma doença cardíaca ou outra doença grave. Frequentemente, as pessoas procuram um pronto-socorro quando têm a crise de Pânico, e podem passar, desnecessariamente, por extensos exames clínicos para excluir outras doenças. Os médicos, em geral, tentam confortar o paciente em crise de Pânico, fazendo-o entender que **não está em perigo**[3], mas essas tentativas podem, às vezes, piorar suas dificuldades: se o médico usar expressões como "não é nada grave", "é um problema de cabeça" ou "não há nada para se preocupar", isso pode produzir uma impressão incorreta de que não há problema real e de que não existe tratamento, ou de que este não é necessário, conforme já comentado.

Podem ocorrer pensamentos que a pessoa sabe que não fazem sentido, mas que não consegue tirar da cabeça (por exemplo, **atirar-se de uma janela, machucar a si ou a outrem com uma faca**[4]. Tecnicamente falando, são **pensamentos obsessivos**[5] que fazem parte do quadro clínico e podem desaparecer com o tratamento do Pânico.

Um medo muito comum é o de "voltar a sentir medo". Muitas vezes, o simples pensamento de entrar num avião ou passar ao lado de um abismo já desencadeiam a crise. Algumas pessoas vão a um cinema, teatro ou restaurante e procuram sentar-se perto da saída, enquanto outras não trancam a porta quando vão ao banheiro, para sair facilmente caso venham a passar mal.

A VISÃO REENCARNACIONISTA

1. O patético diagnóstico do nada: Deve ser horrível a pessoa sentir tudo isso que um paciente de Pânico sente e ouvir sempre o diagnóstico de que não é nada, não tem nada, os exames não mostram nada, são alterações dos seus neurotransmissores, vai ter que tomar remédios para controlar as crises, pode ser que se cure, pode ser que não... Quando alguém me procura com essas queixas, digo sempre que, em minha opinião, devem ser situações de vidas passadas, talvez a ação de Espíritos obsessores, que devemos fazer algumas sessões de regressão, e indico uma consulta em um Centro Espírita ou em outra religião, o que a pessoa preferir. Como acredito em Reencarnação e em Espíritos, nunca digo que Fobia ou Pânico é uma doença, digo que devemos procurar a causa, geralmente escondida dentro do Inconsciente e, algumas vezes, incrementada pela ação deletéria de seres invisíveis que lhe prejudicam.

2. Pode ser controlado com tratamentos específicos: Isto é o que acontece com as pessoas que sofrem de crises de Pânico, elas têm sua "doença" controlada. Isso é bom, por um tempo, mas é possível fazer muito mais por elas com a Terapia de Regressão.

3. Não está em perigo: A pessoa está, sim, em perigo! Ela vai morrer, ou pode morrer, está sendo presa, vai ser torturada, enforcada, isso não é estar em perigo? É em outra encarnação, mas ela está em perigo do mesmo jeito!

4. Atirar-se de uma janela, machucar a si ou a outrem com uma faca: As pessoas que frequentam ou trabalham em Centros Espíritas, Espiritualistas, na Umbanda, nas Igrejas Evangélicas ou Católicas, enfim, praticantes de todas as religiões acreditam em Espíritos, chamando os mais evoluídos de Mestres, Guias, Mentores, Anjos, e os menos evoluídos de obsessores, Demônios, Anjos Caídos, generalizando na denominação Capeta, Satanás ou Diabo. Boa parte da população mundial acredita em Espíritos, menos os que cuidam oficialmente da nossa saúde emocional e mental: os psicólogos e os psiquiatras. Não é que não acreditam, apenas não querem "misturar" Ciência com Religião. Não consigo entender o porquê disso. No início, tudo era religioso, depois ficou científico, agora é a hora de unir essas duas concepções. Essas ideias de se atirar por uma janela, machucar alguém ou a si mesmo com faca, autoagressões, matar alguém, matar-se, são ideias colocadas em nossa mente por Espíritos de baixa frequência presos a padrões de comportamento prejudiciais para si e para nós, encarnados. Eles entram em nosso pensamento pelo que chamamos de "brechas" – pensamentos, sentimentos, hábitos, costumes, atitudes ou palavras. O tratamento disso pode ser feito na pessoa afetada, mas o ser desencarnado também necessita de um tratamento, que pode ser feito em locais religiosos que lidam com isso e/ou através da ação de Seres Espirituais superiores sobre nós, nossos chakras, nossos corpos sutis, melhorando, assim, nossos pensamentos e nossos sentimentos.

5. Pensamentos obsessivos: Todos os pensamentos obsessivos têm uma origem, e minha experiência de investigador do Inconsciente comprova que vêm de situações de vidas passadas e da ação de Espíritos obsessores. São sintonias com antigas situações de raiva, medo e culpa, de que se aproveitam seres desencarnados de pouca evolução para piorar ainda mais as coisas. Todas as pessoas com pensamentos obsessivos de matar-se, matar ou ferir alguém etc. devem fazer uma consulta em um centro de ajuda espiritual.

CAPÍTULO 5
QUAL É A POPULAÇÃO ATINGIDA?

Existem várias linhas de pensamento a respeito disso. Uma delas afirma que a personalidade da pessoa é determinante para o desenvolvimento do quadro, ou seja, as pessoas que têm o Transtorno do Pânico, em sua maioria, são jovens (21 a 40 anos) que se encontram na plenitude de suas vidas profissionais. O perfil dessas pessoas costuma apresentar aspectos em comum: geralmente são extremamente produtivas em nível profissional, costumam assumir uma carga excessiva de responsabilidades e afazeres, são bastante exigentes consigo mesmas, não convivem bem com erros ou imprevistos, têm tendência a se preocupar excessivamente com problemas cotidianos, têm um alto nível de criatividade, perfeccionismo, excessiva necessidade de estar no controle e na aprovação, autoexpectativas extremamente altas, pensamento rígido, competente e confiável, repressão de sentimentos negativos (os mais comuns são o orgulho e a irritação), tendência a ignorar as necessidades físicas do corpo etc. Isso acaba por predispô-las a situações de estresse acentuado, fato que pode levar ao aumento intenso da atividade de determinadas regiões do cérebro, desencadeando um desequilíbrio bioquímico e, consequentemente, o aparecimento do Transtorno do Pânico.

Outros pesquisadores afirmam que sofrer de Pânico não tem nada a ver com personalidade forte ou fraca, com a pessoa ser ou não corajosa, ou seja, qualquer pessoa pode, a qualquer momento, passar a sofrer do Transtorno do Pânico. E cada vez mais crianças e pré-adolescentes estão apresentando quadros de Pânico, os quais, muitas vezes, tendem a desaparecer espontaneamente. Porém, esses quadros tenderão a ressurgir mais tarde em suas vidas.

COMENTÁRIO

Em meu consultório chegam pessoas com Transtorno do Pânico de várias personalidades, sexo, idade, classe social etc. São homens e mulheres "fortes", homens e mulheres "fracos", crianças, adolescentes, velhos, ricos, pobres, empregados, desempregados, estressados, não estressados etc. Não vejo nenhuma relação entre o tipo de personalidade da pessoa e o Pânico, o que vejo é que, dentro de um propósito de limpeza de nossos Espíritos, pois estamos aqui em busca da purificação, as "sujeiras" guardadas dentro de nosso Inconsciente devem ser varridas, e para isso é necessário que surjam os sintomas, mostrando que existe algo a ser eliminado.

Essa hipótese retira do Pânico e das Fobias o caráter de algo ruim, prejudicial, de serem "doenças", para serem vistas como tentativas de limpeza de nosso Espírito, ou seja, algo potencialmente bom, desde que permitamos essa limpeza. É como fala a Homeopatia, respaldando a voz do povo: nosso íntimo tende a "botar para fora" o que não presta e, se não for convenientemente tratado, "recolhe", e as doenças devem ser curadas de dentro para fora. Estamos aqui na Terra para, um dia, não estarmos mais, mas, para isso, temos que estar puros. Os traumas de vidas passadas são impurezas que jazem dentro de nós e precisam ser eliminadas. Então, vendo assim, o Pânico, uma Fobia, não é algo negativo em si, e sim uma tentativa de nosso Espírito de botar algo antigo para fora.

Mas é para jogar para fora, e não ser controlado, é para ser eliminado, e não apenas paliado. Para botar para fora, eliminar, é preciso abrir o Inconsciente e deixar sair, limpar, isso ajuda a purificar nosso Espírito. Certa vez, uma pessoa em regressão, que havia apresentado um câncer de tireoide quando ainda criança, incorporou um médico do Astral, e ele me deu uma aula a respeito de limpeza que vou reproduzir aqui, pois tem a ver com o que estou falando do Pânico e das Fobias. Ele me disse que o Espírito tende a se limpar na "lata de lixo do Espírito", que é o corpo físico. E que essa limpeza é mal entendida pela Medicina da Terra, que vê isso como uma doença, algo negativo, prejudicial, que deve ser eliminado a qualquer custo! É a mesma coisa que estou falando a respeito do Pânico e das Fobias: é uma tentativa de limpeza de nosso Espírito, que devemos permitir e até mesmo promover! As regressões fazem isso.

CAPÍTULO 6

OS TRATAMENTOS

A VISÃO TRADICIONAL

Existe, tradicionalmente, uma grande variedade de tratamentos para o Transtorno do Pânico. Em geral, o que se faz inicialmente é introduzir **um tratamento que vise a restabelecer o equilíbrio bioquímico cerebral numa primeira etapa**[1]. Isso pode ser feito através de medicamentos seguros e que não produzam risco de dependência física dos pacientes. **Numa segunda etapa, prepara-se o paciente para que ele possa enfrentar seus limites e as adversidades vitais de uma maneira menos estressante**[2]. Isso significa estabelecer junto com o paciente uma nova forma de viver, em que se priorize a busca de harmonia e o equilíbrio pessoal. Uma abordagem psicoterápica específica deverá ser realizada com esse objetivo. O sucesso do tratamento também está diretamente ligado ao engajamento do paciente.

Todos concordam que o Transtorno do Pânico não é loucura nem "frescura", mas, infelizmente, é comum que esses distúrbios psíquicos sejam interpretados como simples fraqueza de caráter. O melhor jeito, o que é recomendado para conviver com uma pessoa que apresenta Transtorno do Pânico, é compreender pelo que ela passa, fazendo com que saiba que **você entende o que se passa com ela**[3], pois isso irá tranquilizá-la, trazendo-lhe bem-estar.

A VISÃO REENCARNACIONISTA

1. Um tratamento que vise a restabelecer o equilíbrio bioquímico cerebral numa primeira etapa: Mas é isso o que acontece? Quando acaba essa primeira etapa? Na prática, quase todas as pessoas que apresentam o Transtorno do Pânico referem que necessitam usar continuamente medicamentos químicos, que não podem diminuir a dose porque os sintomas ressurgem com intensidade, e que, com bastante frequência, os medicamentos passam a não mais fazer efeito e devem ser substituídos por algum mais potente ou mais moderno. Essa primeira etapa, chamada de "restabelecimento do equilíbrio cerebral", raramente termina, pois o Pânico é atribuído a um desequilíbrio dos neurotransmissores, quando, na verdade, esse desequilíbrio não é primário e, sim, secundário ao verdadeiro "desequilíbrio" que jaz oculto dentro do Inconsciente, bastando abrir essa "caixa-preta" e deixar sair de lá as situações traumáticas do passado, que o Pânico melhora em 80-90%, podendo chegar a 100%.

2. Numa segunda etapa, prepara-se o paciente para que ele possa enfrentar seus limites e as adversidades vitais de uma maneira menos estressante: Não precisa fazer isso, é só realizar algumas sessões de regressão que as pessoas podem curar-se rapidamente. Não é necessário meses de táticas e aprendizados de maneiras de "Como lidar com o Pânico", é só "botar para fora" aquilo tudo.

3. Você entende o que se passa com ela: Sou obrigado a perguntar a meus colegas psiquiatras e irmãos psicólogos: Não me levem a mal, mas vocês entendem o que se passa com ela? Entendem mesmo? Consolar, escutar, ter bom coração, querer ajudar, aconselhar, não é entender. Entender é buscar a explicação disso, de onde vem, por que sente isso, por que tem essa falta de ar, essa angústia, por que parece que vai desmaiar, por que esse medo terrível de morrer, por que lhe dá vontade de sair correndo, escapar, refugiar-se, ir para um hospital, para casa? Por que necessita de pessoas por perto para lhe amparar quando entra em pânico? Para entender realmente, existe um jeito: investigar suas encarnações passadas para saber o que aconteceu ou está acontecendo lá, ou seja, além dessa sua vida atual, onde está? Depois da primeira sessão de regressão, a pessoa passa a sentir-se realmente entendida, pois começa a saber de onde vinha o que sentia e a ter uma esperança de que poderá libertar-se disso. As regressões trazem estes dois benefícios: o consciencial e o terapêutico. Ao alívio maravilhoso do desligamento do passado soma-se o alívio da pessoa saber de onde vinha aquele Pânico que sentia. E começa a entender que não era um doente, e sim que trazia, dentro do Inconsciente, situações traumáticas de vidas passadas, que, agora, estão sendo encontradas e exoneradas.

CAPÍTULO 7
QUAL O TEMPO DE DURAÇÃO?

A VISÃO TRADICIONAL

O curso do Transtorno do Pânico é imprevisível, podendo durar de alguns meses a vários anos. Como o assunto começou a ser estudado há poucas décadas, ainda não foi possível verificar-se em que percentagem dura a vida toda. Os estudos de longo seguimento chegam a quase uma década, e aproximadamente 10% dos pacientes continuam sintomáticos após esse período, ou seja, continuam tendo ataques de Pânico quando as medicações são suspensas. É importante notar que **o tratamento não cura[1] o Pânico, apenas suprime os sintomas[2]** e permite ao paciente ter uma vida normal, mas sua suspensão leva a uma recaída, caso não tenha ocorrido uma remissão espontânea do transtorno. Mesmo com um tratamento bem conduzido, não há nenhuma garantia de cura, **ou os sintomas remitem sozinhos ou permanece a necessidade de utilização das medicações[3]. Há relatos de casos de remissão espontânea durante a gestação[4].**

A VISÃO REENCARNACIONISTA

1. Cura: Em primeiro lugar, como não é uma doença, não falamos em "cura". É como malas dentro do bagageiro do carro, que podemos retirar de lá, abrindo-o. Isso não é "curar" o bagageiro, é limpá-lo.

2. O tratamento não cura o Pânico, apenas suprime os sintomas: O tratamento para o Pânico, na Medicina orgânica, é o mesmo para asma, gastrite, artrite, psoríase, enxaqueca, todas as doenças: é um tratamento para os sintomas, não para a causa. O tratamento para os sintomas não têm a capacidade de curar, porque não atinge a origem do mal. Muitas crianças que apresentam asma sofreram situações de falta de ar em encarnações passadas, geralmente na anterior, como afogamento, enforcamento, câmaras de gás em Campos de concentração, e podem ser curadas abrindo seu Inconsciente e permitindo que essas situações saiam lá de dentro. Uma criança com asma que tratou-se com Juliana Vergutz, psicoterapeuta reencarnacionista de Porto Alegre, especialista em crianças, acessou sua encarnação anterior, em que foi um homem fumante que morreu de bronquite crônica devido ao cigarro. Ao final da sessão, falou para ela: "Tia, sabe por que eu tenho asma nesta vida? Porque naquela eu era fumante". Então cuidado, fumantes! Nesta vida vocês podem ter câncer de pulmão e, na próxima, asma.

Outra causa de asma são as vacinas aplicadas em crianças, principalmente a BCG, se a criança tem uma predisposição hereditária a desenvolver asma. Apenas duas vacinas são necessárias: a Sabin (para a paralisia infantil) e a antitetânica (para o tétano), todas as demais são preventivas apenas para crianças pobres, desnutridas, sem cuidados higiênicos, para que não morram de sarampo, pneumonia ou diarreia, mas como não seria ético vacinar apenas crianças pobres, vacinam-se todas, e grande parte delas desenvolve asma.

Todo médico homeopata já curou asmas provocadas por vacinas com a Thuya, o TK e a BCG C30, e sabe do que estou falando.

A Medicina orgânica, tradicional, não cura o Pânico porque só se endereça aos neurotransmissores, e não é neles que o Pânico está. Assim como não cura o Pânico, não cura também a asma, a gastrite, a artrite, a psoríase, a enxaqueca... porque não tem capacidade para curar, apenas para paliar. É soberana e imprescindível nas emergências e nas urgências, mas, para curar, é preciso ir até a origem da doença ou daquilo que é rotulado como tal. Percebam que não estou criticando meus colegas médicos e, sim, esse antigo paradigma, orgânico, baseado no tratamento dos sintomas e não na origem psicológica e espiritual deles.

3. Ou os sintomas remitem sozinhos ou permanece a necessidade de utilização das medicações: Para os sintomas remitirem sozinhos, apenas se o Pânico passar porque já está na hora, porque já se exonerou, a limpeza foi feita, ou o Mundo Espiritual atuou por conta própria, ou através da atuação de médiuns em locais apropriados. Se nada disso acontecer, a necessidade de medicação permanecerá pela vida afora, aumentando-se a dose, trocando-se por outro, indefinidamente.

4. Há relatos de casos de remissão espontânea durante a gestação: Durante a gestação, muitas doenças desaparecem para, depois, retornarem. É uma maneira de o Mundo Espiritual preservar aquele Espírito que está chegando, que está lá dentro do útero. Mais tarde, depois do nascimento, o Pânico costuma voltar. É permitido pelos Mentores de uma mulher grávida realizar regressão, se isso for necessário e benéfico para o nenê ainda no útero. Se os Mentores entenderem que não deve ser feita, ela não acontece. Quando a regressão é feita, o Espírito do nenê é retirado de seu corpo e levado para o Plano Astral, e depois trazido de volta.

CAPÍTULO 8
AS DOENÇAS QUE PARECEM COM ATAQUES DE PÂNICO

Algumas doenças podem apresentar manifestações parecidas com o Pânico, por isso é importante consultar um clínico para investigar essa possibilidade. As mais parecidas com os ataques de Pânico são:

Hipertireoidismo ou hipotireoidismo: As alterações da tireoide geralmente possuem vários outros sintomas inexistentes no Pânico, como alterações significativas de peso, no dinamismo e na pele, e podem ser diagnosticadas por meio da dosagem dos hormônios sanguíneos.

Hiperparatireoidismo: O hiperparatireoidismo é pouco comum, mas alterações metabólicas podem fazer com que a pessoa tenha fortes perturbações físicas que parecem crises de Pânico.

Feocromocitoma: O feocromocitoma é raro, trata-se do excesso de adrenalina e de outras catecolaminas circulantes. Além de crises similares ao Pânico, a pessoa pode sentir tremores, cefaleia, taquicardia, sudorese, ansiedade, ruborização e hipertensão, sinto-mas muito parecidos com os do Pânico. Com a dosagem correta de catecolaminas, em 24 horas este problema pode ser descartado.

Disfunções vestibulares: As disfunções vestibulares são as perturbações do vestíbulo auditivo e do cerebelo. Causam tontu-ras, enjoos, vômitos e desequilíbrios, além da sensação de medo de ter esses sintomas desagradáveis, e podem ser confundidas com o Transtorno do Pânico.

Convulsões: As convulsões, por serem inesperadas e de curta duração, podem se parecer com crises de Pânico. Quem sofre de convulsão geralmente tem muito medo de que elas surjam, e isso também pode ser confundido com o Transtorno do Pânico.

Comentário: Se uma pessoa sofre de convulsões e não apre-senta justificativa para isso em exames cerebrais, algumas hipóteses devem ser investigadas, como estar sintonizada em alguma encar-nação passada na qual apresentou uma situação similar, como um enforcamento ou uma queda de altura que causou um forte trauma-tismo na cabeça, por exemplo, ou ser um caso de obsessão espiritual ou mediunidade desequilibrada, que devem ser tratados por espe-cialistas no assunto em Centros Espíritas.

Intoxicação do Sistema Nervoso Central: O uso de certas substâncias, como cocaína ou estimulantes, pode levar a crises de Pâ-nico típicas, mas não provoca o Transtorno do Pânico, ou seja, uma vez eliminadas as substâncias psicotrópicas, as crises de ansiedade cessam, sem deixar esse tipo de sequela.

Comentário: Usuários de substâncias tóxicas frequentemente estão (mal) acompanhados de Espíritos obsessores, hipótese que deve ser levada em consideração se apresentam crises de Pânico.

Doenças cardíacas: Problemas cardíacos devem sempre ser descartados. Uma pessoa com quadro clínico de Pânico deve ser encaminhada rotineiramente para avaliação cardiológica, para confirmar ou descartar a hipótese de ser portadora de um quadro cardiológico.

Comentário: Todas as pessoas que sofrem de crises de Pânico devem consultar um Clínico Geral para descartar essas possibilidades, pois, muitas vezes, são tratadas como um quadro psicológico, quando ele, na verdade, é clínico. Nossa orientação nos Cursos de Formação em Psicoterapia Reencarnacionista e Regressão Terapêutica é que as pessoas sejam avaliadas, por meio de uma Ficha de Identificação, quanto à possibilidade clínica de realizarem-se ou não as regressões, e no caso de doenças que contraindiquem submeterem-se a uma emoção, que sejam encaminhadas a seu médico para avaliação e consentimento se podem ou não realizar esse procedimento. Se houver um impedimento médico, podemos utilizar a Regressão à Distância (RAD).

CAPÍTULO 9
CINCO CASOS DE REGRESSÃO

Caso 1

Uma senhora vem à consulta e me diz que sofre de Transtorno do Pânico há cerca de 20 anos. Realizou inúmeros tratamentos psicológicos e psiquiátricos com vários medicamentos, mas sua melhora é apenas parcial, quando está sob medicação, mas depois de um tempo parece que o remédio não funciona mais, tem de aumentar a dose ou trocar por outro. Tem um medo enorme de morrer, pensa muito nisso, sempre lhe vem essa ideia, e começa a sentir uma angústia muito grande, um medo, uma sensação horrível! Às vezes, isso vem tão de repente, que nem sabe por quê. E tem muito medo de cemitério, também. Se tem de ir ao enterro de alguém, entra em pânico! Diz que só de passar na frente de um cemitério, já se sente mal. E refere também um medo de altura.

Na primeira sessão de regressão, após a meditação inicial (relaxamento e elevação da frequência), acessou uma vida passada:

– É um hospital, estou sozinha ali.

– *Sim*.

– Desço uma escada, tem um jardim. Saí para rua, vou atravessar. Fui atropelada! (grita) Caí no chão! Vêm pessoas lá de dentro para me socorrer.

– *Sim, continua.*

– Estou sentindo aquela sensação horrível, muito medo. Me levam de volta lá para dentro, estão limpando meus ferimentos, um médico me dá uma injeção na veia.

– *Sim, e o que acontece depois? Continua me contando.*

– Parece que saí do meu corpo, me vejo lá, estão me operando.

– *Sim.*

– Me taparam com um lençol, até a cabeça. Sinto medo, acho que eu morri. Estão me levando numa maca, me botam numa espécie de geladeira, é muito frio aqui, estou gelada. Tenho muito medo! Estou aqui, sozinha (com muito medo).

– *E o que acontece, então? Continua.*

– Um médico veio me olhar, olhou bem nos meus olhos e se assustou. Diz: "Ela não está morta!". Saiu correndo, foi chamar mais gente.

– *Sim, e depois?*

– Eles ficaram felizes, parece. Me levam dali, me botam numa cama.

– *E mais tarde, o que aconteceu?*

– Aí eu morri mesmo, até acho que já estava morta. Ele que achou que eu estava viva. Estou saindo do meu corpo, subindo...

– *Continua, e quando tu vais subindo...*

– Vejo uma Luz muito forte. Vou me sentindo melhor. Agora estou bem, tem pessoas, é quentinho. Eles vão cuidar de mim. Tudo está passando...

– *Então relaxa, aproveita...*

– Agora me vejo numa floresta, estou indo (com medo). Um animal enorme me atacou, uma pata enorme, me arranha, caio no chão. Não vejo mais nada, tudo preto... Estou subindo, acho que estou voltando para aquele lugar. É bem claro, aqui eu me sinto bem, pessoas de branco me ajudam, dizem que vou ficar bem. Que bom!

– *Então relaxa, aproveita esse momento, tudo já passou, terminou. Agora tu estás no Mundo Espiritual, sendo atendida, vai ficar tudo bem. Tu te desligaste de duas vidas passadas, de onde vinha o teu medo de morte, isso vai melhorar muito a partir de hoje, pois é daí que vinha o medo. Se vier mais alguma vida passada, tu me dizes, ou alguma instrução, alguma orientação espiritual para ti, para tua vida atual. Se não, descansa, relaxa, aproveita. Outro dia vamos ver mais situações do teu passado, sempre com a autorização dos teus Mentores Espirituais.*

COMENTÁRIO

Vejam que nessa primeira sessão de regressão ela acessou uma situação de outra encarnação, parece que a anterior a esta, em que estava internada em um hospital e saiu de lá. Ao atravessar a rua, foi atropelada, depois operada, mas morreu. Percebam que aconteceu com ela o que referem muitas pessoas submetidas a anestesia geral, a sensação de estar fora do corpo, vendo-se de cima. Isso é uma evidência muito forte de que não somos nosso corpo físico, apenas estamos embutidos nele. Colocaram-na numa gaveta refrigerada, mas um médico teve a sensação de que ela ainda estava viva e foi retirada de lá, mas estava morta. Vejam que, após a morte depois da cirurgia, ela não saiu do corpo, foi junto com ele para a gaveta, sentindo-se sozinha, com muito frio, muito medo! E isso estava registrado em seu Inconsciente até hoje, fazendo com que tivesse o medo extremo de morrer, que foi rotulado como Transtorno do Pânico, que é o nome que se dá quando uma pessoa tem crises de medo intenso, sem uma causa evidente. Depois ela saiu do corpo, subiu para o Mundo Espiritual, onde foi recebida por Seres que a acolheram, e então foi se sentindo bem, em paz. Eu já estava encerrando a sessão quando ela acessou outra vida passada, onde foi morta subitamente por um animal enorme e isso também estava registrado até hoje em seu Inconsciente. Nessa primeira sessão, ela desligou-se dessas duas vidas passadas.

Na segunda sessão de regressão, acessou uma encarnação passada em que era uma menina, que estava brincando, subiu uma escada alta, caiu lá de cima e morreu. Nesse momento da regressão, comentou: "E eu sempre tive medo de altura". Depois da morte, ela se viu subindo, indo para o céu, chegando a um lugar muito bonito, calmo, com flores, pessoas de branco, onde foi recebida, sentindo-se bem. Nessa sessão ela se desligou de mais uma situação de morte súbita e traumática.

Na terceira sessão de regressão, estava em um local onde ocorreu um desabamento ou terremoto, algo assim, pois se viu sendo soterrada por pedras, vindo a morrer asfixiada, sentindo muita angústia. Recordou que subiu para o Mundo Espiritual, onde foi atendida em um hospital, recuperando-se completamente e ficando muito bem, todos os sintomas daquela morte tendo desaparecido. Depois se viu em uma guerra, quando morreu pela ação de uma bomba e novamente recordou seu desencarne e subida para o Mundo espiritual, onde recordou que ficou muito bem, e uma outra vida, em que era um homem que morreu em um duelo e, subindo para o Mundo espiritual, recuperou-se totalmente, tendo ficado bem. Ou seja, nessa sessão, recordando até a morte na encarnação acessada, a saída do corpo e a subida para o Mundo Espiritual, até recordar que tudo passou, que está muito bem, como é nossa técnica, ela desligou-se de mais três vidas passadas de mortes súbitas e traumáticas.

Em três sessões de regressão, em dois meses, conseguiu desligar-se de seis vidas passadas. Todas essas situações de morte e angústia estavam ativas dentro de seu Inconsciente, por isso não melhorava com medicamentos químicos para aumentar a serotonina e baixar a adrenalina e psicoterapias baseadas nesta vida apenas, pois faltava o principal: encontrar de onde vinha o seu intenso medo de morte e desligar-se de lá, o que veio a ser feito com essas sessões de regressão.

CASO 2

Uma moça, de 31 anos de idade, vem à consulta por Transtorno do Pânico cujo início remonta há um ano. Ela me fala que, sem motivo aparente, vem um medo, parece que vai morrer, vem uma sensação de que está sozinha, um desejo de estar com sua mãe... Então, quer sair de onde está, ir embora, escapar, mesmo estando em casa... Não consegue entender isso, quer sair dali, mas por quê? Escapar de onde, se muitas vezes está em sua própria casa? Ela sente-se presa em algum lugar. Diz que fez algumas sessões de regressão com outro terapeuta que não é da nossa Escola, mas, pelo que me contou, não deve ter se desligado de nenhuma situação que acessou, pois via uma situação, depois outra, depois uma terceira... Isso não é Terapia de Regressão, é turismo por vidas passadas, pois o que desliga uma pessoa de uma situação de seu passado é recordá-la até o fim e, pelo Método ABPR, relembrar aquela vida até a morte, seu desencarne e subida para o Plano Astral, até referir estar sentindo-se muito bem. Só recordar, pular de uma vida para outra, não adianta nada, até, muitas vezes, pelo contrário, fixa ainda mais a pessoa naquelas situações do passado. É o caso daqueles que dizem ter piorado depois de fazer regressão: acessaram situações traumáticas de seu passado mas não se desligaram delas.

Na primeira sessão de regressão que fizemos, ela acessou uma situação de uma vida passada em que estava em um lugar escuro, sozinha, com muito medo. Recordou sua saída daquele lugar, sua subida para o Mundo Espiritual, onde ficou muito bem, recordou que tudo passou. Em seguida, acessou outra situação em que estava amarrada, sendo torturada, até lhe matarem, então saiu do corpo, subiu, ficou muito bem lá no Astral. Depois acessou uma guerra, onde levou um tiro, morreu, subiu, ficou bem. Isso promoveu um desligamento completo das situações dessas vidas passadas.

Na segunda sessão, acessou uma situação em que estava sendo perseguida por muitos homens, prenderam-na em um tronco em uma praça pública, onde ficou até morrer; saiu do corpo, subiu ao Mundo Espiritual, onde recebeu tratamento, e ficou muito bem. Depois acessou outra situação, de outra vida, em que estava carregando muito peso, sendo chicoteada, torturada, até morrer. Mais uma vez, saiu do corpo, subiu e ficou muito bem lá no Astral.

COMENTÁRIO

Em duas sessões de regressão, esta jovem acessou e desligou-se de cinco vidas passadas, nas quais estava sintonizada até hoje:

1ª – Em um lugar escuro, sozinha, com muito medo
2ª – Amarrada, sendo torturada até a morte
3ª – Numa guerra, onde morreu com um tiro
4ª – Sendo perseguida, capturada e morta em uma praça pública
5ª – Sendo chicoteada, torturada e morta.

Em todas essas situações, foi incentivada a recordar tudo até o fim, até sua morte lá, até sair do corpo, relembrar sua subida naquela ocasião para o Mundo Espiritual, e continuar seu relato até perceber que já estava bem. Com isso, conseguiu desligar-se de cinco situações traumáticas de vidas passadas em que ainda estava sintonizada. Com essas duas sessões, soube de onde vinha aquele medo repentino, a sensação de que ia morrer, e por que queria, sem motivo aparente, sem entender por que, sair desesperadamente do lugar onde estava, escapar. É que ela estava lá naquele lugar escuro, naquela tortura, naquela guerra... A pessoa, com as regressões, fica entendendo o que sentia, de onde vinha, e desliga-se das situações que provocaram isso. Não é à toa que o índice de melhoria frequentemente é total ou de 80-90%, no mínimo.

Caso 3

Uma jovem senhora, de 43 anos de idade, vem à consulta por Transtorno do Pânico há nove anos. Já fez vários tratamentos, tomou Fluoxetina e Paroxetina, entre outros medicamentos, com resposta razoável. Frequentemente lhe vêm pensamentos de estar morta, enforcada, atirando-se de um lugar alto ou tomando remédios para se matar, quando não matando-se com uma arma. Sente uma ansiedade muito grande e uma forte Pânico, não sabe por quê. Na rua, sente um medo muito forte de passar mal, desmaiar e as pessoas lhe roubarem, lhe chutarem. Ela nunca pensa que poderiam vir lhe ajudar. E dentro da Escola que trabalha, dentro de um ônibus, de um elevador, lhe vem uma sensação de sufocação, de que não poderia sair dali.

Na primeira sessão de regressão, ela acessou uma vida passada em que estava numa rua, acuada num canto, contra uma parede, e muitas pessoas agrediam-na, chutavam-na, batiam nela, e não conseguia se defender, se encolhia, até que a pegaram e levaram para ser enforcada. Depois de sua morte, se viu subindo, ficando mais leve, até chegar a um lugar bonito, muito claro, tranquilo, com flores, onde havia pessoas de branco e crianças brincando. Então foi se sentindo bem, e tudo passou.

Na segunda sessão de regressão, novamente acessou uma vida passada em que estava sendo agredida, humilhada, estava presa em um lugar frio, sujo. Após sua morte, recordou a subida naquela ocasião para o Mundo Espiritual, onde foi melhorando, até ficar bem.

Na terceira sessão de regressão, viu-se afogando, um homem acorreu e a tirou de dentro da água. Sentia um desespero muito grande, uma tristeza enorme, e ele lhe disse que ela podia ir para um lugar irradiante, mas ela sentia que não conseguia, só chorava, chorava... Queria dar a mão para ele, mas tinha medo... Depois de um tempo, saiu caminhando com esse homem e foram indo para um lugar claro, onde pessoas boas receberam-na, acolheram-na, e ela foi se sentindo melhor, até ficar bem, em paz.

COMENTÁRIO

Essa pessoa, sofrendo de Pânico há nove anos, realizando tratamentos, tomando medicamentos químicos, estava sintonizada nestas situações de suas vidas passadas:

1ª – A mulher sendo agredida na rua e depois enforcada
2ª – A mulher presa num lugar sujo, frio, sendo agredida até a morte
3ª – Naquele afogamento, quando talvez tenha se suicidado, jogando-se de uma altura.

Ou seja, tudo que sentia hoje e que procurava encontrar a explicação, a origem, na infância ou em traumas da vida atual, ou que era entendido como desequilíbrio de seus neurotransmissores ou mecanismos psicológicos, manifestações inconscientes de desejos reprimidos etc., era na verdade uma sintonização com seu passado de outras encarnações. Ela não tinha nenhuma doença, apenas estava com seu bagageiro cheio... Com a abertura do "bagageiro" e a retirada das "malas", através dos desligamentos das situações acessadas, melhorou muito, e embora não a tenha visto ultimamente, provavelmente está curada, ou melhorou 80-90% do que sentia.

Recomendei, na ocasião, que investigasse em um Centro Espírita seus pensamentos negativos, pois embora eles tenham sido encontrados nas encarnações passadas acessadas, poderiam ser concomitantemente atribuídos à ação de Espíritos obsessores sobre ela, que, com bastante frequência, são os responsáveis pelos pensamentos de morte, de suicídio, de matar alguém etc.

CASO 4

Uma senhora, de 50 anos de idade, vem à consulta e diz que sofre de Pânico desde criança. Quando começou a ir para o colégio, sentia muito medo, entrava em pânico, e sua mãe tinha de ficar lá com ela ou trazê-la para casa. E até hoje tem medo de sair de casa, visitar pessoas, viajar. Sente uma solidão muito forte, uma tristeza sem motivo para isso.

Na única sessão de regressão que realizamos, pois abandonou o tratamento, ela acessou uma vida passada em que era uma mulher sozinha que caminhava pela rua (mendiga?), não tinha casa, não tinha família. Estava sempre só, muito triste, com medo. Então foi ficando velha, até morrer, aí se viu subindo, chegou a um hospital no Mundo Espiritual, ficou em uma cama, recebendo tratamento; então foi melhorando, sentindo-se acolhida, não se sentindo mais sozinha, ficou bem.

COMENTÁRIO

Essa pessoa nunca mais voltou a falar comigo. Provavelmente, necessita ainda de mais algumas sessões de regressão, pois geralmente os casos de Pânico, Fobia e Depressões severas são sintonias com quatro ou cinco vidas passadas. Coloquei seu caso neste livro porque muitas crianças sentem esse medo de afastar-se dos pais, de começar a frequentar a escola, de pessoas estranhas, e isso é interpretado como excesso de mimo, falha do pai ou da mãe, "bobagens de criança", mas na verdade são consequências de medos muito intensos de outras encarnações, que podem ser resolvidos através das regressões. Muitos pacientes adultos que vêm consultar por Fobias ou Pânico referem que desde crianças sentiam medo, eram tímidos. São casos de pessoas que já nascem sintonizadas em situações traumáticas de vidas passadas; outras fazem essa sintonia mais tarde, na adolescência ou na fase adulta. Não imagino por que algumas já nascem sintonizadas e outras vão sintonizar mais tarde, mas, até onde sei, o melhor tratamento para isso é a Terapia de Regressão, desde que feita pelos Mentores Espirituais de cada pessoa e a recordação da vida passada vá até sua chegada e estada no Plano Astral (período intervidas).

Em crianças pequenas, as regressões podem ser feitas através de sua mãe, com a autorização dos Mentores Espirituais do filho. A mãe vem, deita, faz o relaxamento, a expansão da Consciência (para elevar sua frequência), e acessa, se isso for autorizado, vida(s) passada(s) de seu filho, faz a recordação dela(s) e promove, assim, o desligamento dele de lá.

CASO 5

Uma senhora, de 36 anos de idade, vem à consulta por Transtorno do Pânico desde criança. Diz que, quando pequena, sentia medo de tudo, medo da morte, ouvia vozes. Desde que sua mãe faleceu, há três anos, as crises de Pânico pioraram, tudo para ela é morte, a morte é o fim, sente-se muito triste, muito pessimista, achando que vai dar tudo errado... Vem um medo de que um filho vai morrer, vai ser atropelado, quando vão para a aula, entra em pânico! Qualquer dor, já acha que está com câncer. No dentista, tem medo da anestesia, de ter um choque anafilático. Nas crises de Pânico, tem de ir para a rua, as pernas começam a tremer, bate queixo, parece que vai cair, desmaiar, morrer, não consegue parar, tem de ficar caminhando, tem de se abraçar, fica rodeando no mesmo lugar. Tem sonhos repetitivos de um soldado na Primeira Guerra Mundial, da Grécia, em um país muito frio. Conta que tem alguma coisa com lugar fechado, ficar trancada, elevador, andar de avião.

Na primeira sessão de regressão, ela se viu em uma vida passada em que era um menino com um defeito nos pés. Estava num barco, caiu na água, morreu afogado, voltou para o barco em Espírito e ficou abraçado a sua mãe, que chorava desesperada. Então vieram Seres Espirituais para levá-lo dali, ele não queria, agarrava-se na mãe, até que foi embora com eles, ficou sozinho por muito tempo, não queria se relacionar com ninguém, ficou numa espécie de sala, até que sua mãe chegou, abriu a porta e ele saiu correndo e a abraçou. A partir daí melhorou, até ficar bem. Em seguida, viu-se em outra vida, em que era uma menina sempre perto da mãe, não podia sair de perto dela, pois entrava em pânico! Foi crescendo, sempre em casa, a mãe morreu e aí piorou mais ainda... Foi ficando velha, sempre ali, na casa, até que ficou bem velha e morreu. Subiu para o Mundo Espiritual, onde foi melhorando, até ficar bem. Acessou também uma outra vida, em que era uma mulher, trabalhava em uma faculdade, em pesquisa, praticamente não saía de lá, era muito isolada, sozinha, então foi envelhecendo, morreu e subiu para o Mundo Espiritual, onde foi ficando bem. Quando lhe informaram de que se aproximava a hora de reencarnar, ela não queria, pois não queria perder pessoas de novo...

Na segunda sessão de regressão, estava em uma situação em pânico, havia raios, fumaça. Ela morreu, subiu, ficou bem. Em seguida, acessou outra vida, em que estava em um navio a vapor, aconteceu um acidente, foi para um hospital, muito machucada, melhorou. Era um lugar bom, não tinha mais dor, foi sentindo-se bem, já estava no Mundo Espiritual.

COMENTÁRIO

Vejam que ela não queria reencarnar por medo de perder pessoas de novo. Por isso, desde criança, sentia muito medo (medo de tudo = medo da vida na Terra): medo da morte, de perder pessoas, de ficar sem a mãe. Ela ouvia vozes quando criança: ou eram Espíritos obsessores, ou seus Mentores falando com ela. Muitos pais cometem o erro de dizer para seus filhos que ouvem vozes ou veem Espíritos que isso é bobagem, invenção de criança, imaginação, coisa que não existe. A criança ouvindo uma voz ou vendo um ser e seu pai ou mãe dizendo que não é verdade, que é bobagem. Quando um filho meu me diz que está ouvindo uma voz ou vendo algo, eu pergunto se é claro, se é escuro... Se é claro, que bom, aproveita para ouvir conselhos, orientações; se é escuro, reza, pede ajuda para Jesus, para Nossa Senhora, para esse ser receber luz.

Ela estava sintonizada em várias encarnações passadas, de onde vinha o Pânico:

1ª – Naquela vida em que era o menino que caiu na água, morreu afogado e não queria se desligar de sua mãe

2ª – Na vida em que era uma menina que não saía de perto de sua mãe

3ª – Na vida em que era uma mulher que trabalhava numa faculdade e não saía, vivia lá, só trabalhava, sempre sozinha

4ª – Na vida em que morreu em pânico em meio a raios e fumaça

5ª – Na vida em que morreu em um acidente em um navio.

Com essas duas sessões de regressão, ela desligou-se dessas vidas de onde vinham seus sintomas e entendeu por que, desde criança, tinha tanto medo. Como nós, da Associação Brasileira de Psicoterapia Reencarnacionista, não somos apenas terapeutas de regressão (desligamento de vidas passadas) e, sim, psicoterapeutas que trabalham com a Reencarnação, querendo ajudar as pessoas a saber para o que reencarnaram e aproveitar realmente essa passagem, no sentido espiritual, ela, em minha opinião, reencarnou, entre outras coisas, para curar a dependência afetiva, seu medo de perder pessoas, curar sua tendência para a solidão. Com os desligamentos promovidos pelas regressões e a consequente melhora de seus sintomas e sentimentos, além da compreensão de que, na verdade, nunca quer reencarnar, tem medo da vida aqui, ela está muito melhor e, provavelmente, aproveitará bem mais sua vida atual. A Psicoterapia Reencarnacionista, que utiliza a regressão como uma de suas principais ferramentas, é uma Psicoterapia muito profunda e em breve estará mais difundida, tanto no Brasil quanto em outros países, colaborando na formação da Psicologia e da Psiquiatria na Nova Era, pois começarão a lidar, enfim, com a Reencarnação.

TRATANDO
DEPRESSÃO
COM TERAPIA DE REGRESSÃO

CAPÍTULO 1
O QUE É DEPRESSÃO?

A VISÃO TRADICIONAL

A Depressão caracteriza-se por um grande e constante desinteresse pela vida, pela falta de vontade de viver, em que a pessoa muitas vezes se sente incapaz de lidar com as obrigações básicas do dia a dia. A Depressão pode levar a uma incapacidade de realizar tarefas, quer física ou mentalmente, e pode manifestar-se já na infância ou começar ou agravar-se na adolescência, mas é mais comum seu surgimento na vida adulta. A pessoa com Depressão sente-se **incapaz de lidar com a vida**[1], pensa que **não vale a pena viver**[2] ou lutar, e isso a leva a querer afastar-se de tudo e de todos, podendo até **tentar ou consumar o suicídio**[3]. É uma situação para a qual todos deveríamos estar prevenidos, pois pode acontecer com qualquer um, até mesmo com alguém de nossa família. Os sintomas da pessoa com Depressão podem passar completamente despercebidos e só tomarmos consciência da situação quando ela tenta realmente o suicídio. Devemos estar precavidos acerca dos sintomas que são um sinal de Depressão, para que saibamos se nós ou alguém próximo sofre dessa doença.

A Depressão é muito frequente nos dias de hoje, com tendência a aumentar, pela desumanização da sociedade moderna[4]: Todos se sentem tristes de vez em quando e tais sentimentos são normais, mas a Depressão, enquanto doença psiquiátrica, é bastante diferente: é uma doença como outra qualquer que exige tratamento. Muitas pessoas pensam estar ajudando um amigo deprimido ao incentivarem ou mesmo cobrarem tentativas de reagir, distrair-se ou se divertir para superar os sentimentos negativos. O amigo que quer ajudar deve ouvir quem se sente deprimido e **aconselhar**[5] ou procurar um profissional quando percebe que o amigo deprimido não está apenas triste, que é algo maior do que isso. Na verdade, ninguém sabe o que um deprimido sente, só ele mesmo e talvez quem tenha passado por isso. Algumas vezes, nem seu psiquiatra sabe, ele reconhece os sintomas e sabe tratar, mas isso não faz com que conheça realmente os sentimentos e o sofrimento de seu paciente e, muitas vezes, a origem deles.

A VISÃO REENCARNACIONISTA

1. Incapaz de lidar com a vida: A vida aqui na Terra não é fácil, e se não nos lembrarmos de que somos um Espírito apenas de passagem por aqui, com a finalidade de encontrar nossas inferioridades e procurar melhorá-las, para um dia retornarmos para a Purificação, para muitas pessoas a vida aqui vai ficando pesada, cada vez mais difícil: são problemas financeiros, de saúde, familiares, com os filhos, a política, as guerras, as injustiças, a miséria, a violência, enfim, são tantas coisas que acontecem por aqui que, frequentemente, as pessoas que reencarnaram com uma tendência a esmorecer, a fraquejar, a entristecer-se, vão reagindo assim e entrando na tristeza, na Depressão... Parece que tudo é muito difícil, trabalhoso, pesado, não tem solução, as coisas vão perdendo o sentido, a vida começa a ser um sofrimento... A essas pessoas, pergunto: Vocês lembram quem são? Sabem onde estamos? Recordam o que vieram fazer aqui? Aqui não é "A vida", aqui é um lugar de passagem, onde nosso Espírito (nós mesmos) veio passar algumas décadas e depois subir novamente para nossa Casa verdadeira, depois descer de novo, subir, descer, subir... Lembram-se disso? E, quando estamos lá em cima, nossos chakras superiores são ativados e revelamos o que temos de melhor. Quando estamos aqui embaixo, ocorre o contrário: ativam-se nossos chakras inferiores e mostramos o que temos de pior. E o que temos de pior? Uns têm a tendência de brigar, lutar, digladiar-se, querer mandar, comandar; outros de obedecer, submeter-se, apequenar-se; alguns magoam os outros, ferem, humilham; outros magoam-se, entristecem-se, têm pena de si mesmos; uns querem aparecer, outros querem esconder-se; alguns são vaidosos, outros não enxergam o seu valor. Enfim, todos nós, aqui na Terra, mostramos para nós mesmos e para os outros o que temos de melhorar. Os deprimidos vieram com a Missão de parar de deprimir-se, de ter pena de si mesmos, acharem-se fracos, incapazes, essa é sua proposta de Reforma Íntima, e a Psicoterapia Reencarnacionista, mostrando-lhes, através das Regressões, que já vêm sendo assim há muitas vidas, pode lhes ajudar a cumprir essa tarefa com êxito.

2. Não vale a pena viver: Não adianta querer morrer, pois não morremos nunca! Lembro-me de uma regressão em que uma pessoa morreu de tristeza em uma vida passada, sozinho, fechado egoisticamente em seu quarto; enterraram seu corpo e ele foi junto, não saiu do corpo. Lá dentro do caixão, dizia: "Eu vou morrer. Não quero mais pensar. Não quero mais sofrer". O tempo foi passando, e ele esperando morrer... Vinham Seres Espirituais lhe buscar, retirá-lo de lá, e ele dizia que ia ficar, pois queria morrer, queria que tudo acabasse. E não morria, e nada acabava. Até que, depois de muito tempo, vendo que não ia morrer mesmo, que não ia parar de pensar, desistiu de querer morrer, aceitou ajuda e foi levado para o Mundo

Espiritual, para um hospital, onde recebeu atendimento, melhorou, entrou em um grupo de estudos de deprimidos e aprendeu o que era a vida na Terra, para o que vinha reencarnando há várias vidas, qual sua proposta de Reforma Íntima (não deprimir-se), até que um dia reencarnou, voltou para a Terra. Com 40 e poucos anos veio consultar comigo, sabem para o quê? Depressão. Sentia uma tristeza desde criança, um desânimo, uma vontade de isolar-se, fechar-se, não fazer nada, morrer... Tudo de novo. E aqui deixo um conselho para os suicidas: se vocês estão achando a vida ruim, pesada, que não vale a pena viver, lutar, esforçar-se, querem morrer, parar de pensar, parar de sofrer, acabar com tudo, matem seu corpo físico e vão ver o que acontece... Ou vão ficar aqui na Terra vagando, ou vão ficar lá dentro do caixão, deitados, esperando morrer, ou vão descer para um lugar escuro, fedorento, pegajoso, que para sair não é fácil, ou vão subir para o Mundo Espiritual como uns fracos, fracassados, onde vão envergonhar-se de sua fraqueza, sua covardia, seu egoísmo egocêntrico, e depois de um tempo vão descer novamente com as repercussões dos danos que provocaram em seu Perispírito de acordo com a maneira como se mataram, e vão ter de enfrentar tudo de novo, e sabem o que vai aflorar de si na nova descida? Tristeza, desânimo, vontade de isolar-se, não fazer nada, querer parar de pensar, de sofrer, acabar com tudo. Tudo de novo.

3. Tentar ou consumar o suicídio: As ideias e as tentativas de suicídio são provocadas ou incrementadas pela concepção não reencarnacionista que diz que aqui é "A vida", que não existíamos antes e que depois iremos passar o resto do tempo não fazendo nada, esperando o Juízo Final... Ou seja, a vida é só essa, se nasceu rico foi sorte, se nasceu pobre foi azar, se nasceu bonito é a genética, se nasceu feio idem, brasileiro é brasileiro, norte-americano é norte-americano, iraquiano é iraquiano, judeu é judeu, árabe é árabe, enfim, tudo é como é, nós somos o que somos, não existem Leis Divinas regulando nosso nascimento, onde estamos, como somos, a que raça pertencemos, nossa família, cor de pele, de que religião viemos, tudo é um acaso, nada é coincidente, nada é sincrônico. Essa visão cria e agrava o racismo, as lutas hegemônicas, as guerras pelo poder e também a Depressão, pois retira o sentido da vida, a finalidade da existência, e incrementa as ideias e execuções suicidas.

A Psicologia, a Psiquiatria e a Filosofia ocidentais, seguindo a concepção não reencarnacionista, não conseguem transmitir aos seus pacientes e às pessoas em geral uma perspectiva, uma finalidade mais profunda para a qual viver, um compromisso real consigo mesmo e, pior, procuram na infância e na vida os "vilões" que devemos aceitar e perdoar, procuram estímulos superficiais para o reencontro da alegria de viver, como divertir-se, dançar, viajar, enfeitar-se, fazer plástica... O estímulo verdadeiro para reencontrar a vontade de viver e cumprir sua Missão como Espírito encarnado é recordar quem somos, o que estamos fazendo aqui, o que é a vida na Terra, qual a finalidade de passarmos por aqui tantas vezes, qual a nossa meta, o nosso objetivo, como sermos vencedores de nós mesmos! E isso a visão reencarnacionista pode proporcionar, e os psicólogos, os psiquiatras e os filósofos que abraçarem essa visão se tornarão muito melhores profissionais e, indo além de seus métodos e técnicas, poderão conversar com seus pacientes e as pessoas em geral sobre a Vida.

4. A Depressão é muito frequente nos dias de hoje, tendo tendência a aumentar pela desumanização da sociedade moderna: Por que nossa sociedade está se tornando cada vez menos humana? Porque a vida acaba se tornando um "Salve-se quem puder!", com todos correndo para lá e para cá, ligados no piloto automático, vivendo sem saber para o quê, tentando ser cada vez mais modernos, atendendo aos apelos da TV, da moda, da evolução tecnológica, do progresso, do corpo, das roupas, dos utilitários, da comunicação superficial da Internet, ao mesmo tempo em que se fecham em sua solidão existencial, aumentando o egoísmo egocêntrico, vivendo cada vez mais para si mesmos e seus afins, trabalhando em qualquer coisa, em qualquer emprego, não importa se for para produzir e vender cigarro ou bebidas alcoólicas, não importa se for causar poluição no ambiente, se cada vez superficializar mais as pessoas, torná-las mais e mais infantis, inconsequentes, ansiosas, comer carne, matar os animais, derrubar as florestas, desertizar o mundo, derreter as geleiras, nada importa, o negócio é viver, aproveitar a vida, ser feliz, afinal de contas, a vida é uma só... E assim vamos nos sentindo cada vez menos parte de um Todo para ficarmos cada vez mais egoístas e menos humanos, mais insatisfeitos, mais depressivos.

5. Aconselhar: Vou dar aqui meu conselho, minha receita: aproveitemos nossa encarnação, percebamos nossos defeitos, nossas inferioridades, nossas imperfeições, o que devemos melhorar em nós, como podemos evoluir pessoalmente, existencialmente, espiritualmente, como podemos ajudar os outros, como podemos ajudar o mundo a melhorar, nossa sociedade a se tornar cada vez mais humana, mais justa, mais íntegra, mais ética, como podemos ajudar a acabar com a miséria, com a injustiça social, com o racismo, com as guerras, como podemos selecionar os programas que merecem ser vistos na televisão, o que merece circular pela Internet, a "Indignação Pacífica" pregada com sucesso por Gandhi. Podemos ir eliminando nosso egoísmo egocêntrico, nossa tristeza, nosso tédio, nos engajando em causas religiosas, humanitárias, sociais. Podemos aproveitar o tempo para viver na Terra de uma maneira espiritual.

Lembro-me de uma vez que atendi uma senhora que dizia sofrer de Depressão, passava todos os dias, a maior parte do tempo, em casa, fechada em seu quarto, deitada, vendo televisão, lendo, dormindo, sem vontade de nada. Os vários tratamentos psicológicos e medicamentosos não davam resultado, já havia consultado em Centros e não havia Espíritos obsessores lhe acossando. Nas regressões que fizemos, desligou-se de várias situações depressivas de outras encarnações, mas mesmo assim não melhorava, não levantava da cama, não se dispunha a viver... Como ela tinha visto em várias vidas anteriores sua Personalidade Congênita e, nesta, uma forte tendência à Depressão, disse-lhe que lhe daria um remédio que a curaria! Em vez de ficar deitada em seu quarto, vendo TV, lendo, sofrendo por si, e como já tinha se desligado de várias vidas passadas de Depressão e feito tratamento desobsessivo em Centro Espírita, ela deveria entrar em contato com alguma obra social e oferecer-se para trabalhar de segunda a sábado, de manhã e de tarde, e dentro de um mês deveria marcar uma reconsulta comigo para me dizer como estava. Ela concordou e me pediu a receita. Então revelei que a receita era o conselho que havia acabado de lhe dar. Ela nunca mais voltou. Ou aceitou a recomendação e curou-se, ou ficou brava comigo.

CAPÍTULO 2
SINTOMAS DA DEPRESSÃO

A VISÃO TRADICIONAL

Os sintomas são muito variados, indo desde sensações de tristeza e pensamentos negativos, até alterações da sensação corporal, como dores e enjoos. Contudo, para se fazer o diagnóstico, é necessário um grupo de sintomas centrais:

* **Perda de energia, cansaço, sente-se triste e abatido, sem conseguir encontrar algo que lhe anime ou desperte interesse**[1]

* Humor deprimido

* Maus resultados escolares, incapacidade ou grande dificuldade de se concentrar

* Apetite e sono alterados

* Lentidão tanto nas atividades físicas quanto nas mentais

* **Sentimento de pesar**[2]

* **Sentimento de fracasso**[3]

* **Pessimismo**[4]

* **Dificuldade para tomar decisões**[5]

* Dificuldade para começar tarefas

* Irritabilidade ou impaciência
* Inquietação
* Achar que não vale a pena viver; desejo de morrer
* Chorar à toa ou ter dificuldade para chorar
* **Sensação de que nunca vai melhorar, desesperança**[6]
* Dificuldade de terminar coisas que começou
* **Sentimento de pena de si mesmo**[7]
* Persistência de pensamentos negativos
* Queixas e lamentações frequentes
* **Sentimentos de culpa injustificáveis**[8]
* Boca seca, prisão de ventre, perda de peso e apetite, insônia, perda do desejo sexual
* **Afastamento de amigos ou pessoas**[9]
* Vontade de ficar só
* Afasta-se de tudo e de todos
* Falta de vontade de realizar determinada tarefa que progressivamente se alastra para outras atividades
* Não querer ouvir barulhos ou querer música, sons altos, o que é uma forma de se alhear e afastar-se do que se passa à volta
* Abusar de medicamentos, álcool ou drogas, meios para se afastar do que se passa à volta
* Medo de executar determinadas tarefas ou **medo do que possa acontecer se falhar, obcecado com sua incapacidade ou com o que possa acontecer a outrem se falhar**[10]
* Dores de cabeça, grande tensão ou desconforto nas costas, ombros ou cabeça
* **Não se sente bem em lugar nenhum**[11]
* Falta de interesse, desleixo com o vestir ou com a apresentação.

Para afirmarmos que um paciente está deprimido, temos de confirmar que ele se sente triste a maior parte do dia, quase todos os dias, não tem mais tanto prazer ou interesse pelas atividades que antes apreciava, não consegue ficar parado ou, pelo contrário, movimenta-se mais lentamente do que o habitual. Passa a ter sentimentos inapropriados de desesperança, desprezando-se como pessoa e até mesmo se culpando pelas doenças ou problemas dos outros, sentindo-se um peso morto na família, e com isso surgem os pensamentos de suicídio, de **acabar com tudo**[12]. Esse quadro deve durar ao menos duas semanas para que possamos dizer que o paciente está deprimido.

A VISÃO REENCARNACIONISTA

1. Perda de energia, cansaço, sente-se triste e abatido, sem conseguir encontrar algo que lhe anime ou desperte interesse: Esses sintomas, geralmente, vêm de situações de vidas passadas, quando a pessoa ficou presa em uma cadeia até morrer, ou então era muito velha, sozinha, em sua casa, ou era um mendigo, ou morreu e foi para o Umbral, onde ficou por muito tempo assim, deprimida, atirada em um canto, deitada em uma cama, ou numa cela, numa sarjeta, no lodo, e ainda está sintonizada lá. Com os medicamentos antidepressivos, aumenta a serotonina e a pessoa depressiva melhora desses sintomas, mas continua sintonizada no passado, onde ainda está assim. Nunca interrompemos um tratamento medicamentoso, enquanto realizamos a Psicoterapia Reencarnacionista e as sessões de Regressão. As pessoas podem tomar antidepressivos e as regressões ocorrem naturalmente, sem nenhum prejuízo.

2. Sentimento de pesar: Frequentemente, o sentimento de pesar, que parece advir da vida atual, desde que perdeu o pai, a mãe, o marido, um filho etc., tem origem em outras encarnações, em situações semelhantes. E o acontecimento atual foi um reforço para o que já vinha consigo do passado. A pessoa reencarna com essa "brecha" em seu psiquismo, a de sentir mais do que normalmente uma perda afetiva, um pesar. E em sua vida atual, quando acontece um fato similar ao que ocorreu no passado (que ainda está acontecendo em seu Inconsciente), somam-se os sentimentos de hoje com os de lá e a Depressão é fortíssima, muitas vezes resistente até mesmo aos melhores antidepressivos. Com o desligamento das situações do passado, a melhora é muito grande e imediata, e o psiquiatra que lhe atende poderá ir diminuindo os antidepressivos até que não sejam mais necessários.

3. Sentimento de fracasso: Este sentimento geralmente tem sua origem em uma ou mais situações de vidas passadas, em que a pessoa realmente fracassou, falhou, fez algo errado. E vem com isso em seu Inconsciente, provocando muitas vezes com um medo de errar, de fracassar e se, por acaso, isso acontecer, soma o sentimento de hoje com o de lá e vem a Depressão, o medo de tentar novamente, muitas vezes associado a uma culpa, a uma vontade de não fazer mais nada.

4. Pessimismo: Já realizei regressões em pessoas que eram consideradas "pessimistas" e elas acessaram situações em vidas passadas em que as coisas realmente deram errado, fracassaram, perderam coisas materiais, dinheiro, terras, familiares, e isso ficou registrado em seu Inconsciente, de maneira que, hoje, têm uma visão negativa das coisas, acham que tudo vai dar errado, tudo é difícil, e então são chamadas de pessimistas. Na verdade, elas estão aqui, na vida atual, e lá em seu passado, onde as coisas realmente deram errado. O mesmo acontece com as pessoas rotuladas como "hipocondríacas", que estão sintonizadas em vidas passadas, em doenças graves, imobilizantes, fatais. Elas não são hipocondríacas, apenas estão aqui e lá. E têm que ser desligadas de lá.

5. Dificuldade para tomar decisões: Um rapaz veio à consulta e me contou que é uma pessoa segura, trabalhadora, um líder em sua cidade, empreendedor, mas que, no fundo, tem um medo de arriscar, de fazer algo diferente, e desde criança sente uma tristeza que não sabe de onde nem do que ela vem. Disse que parece que tem um medo de cometer um erro, de magoar os familiares. Na sessão de regressão, acessou uma vida passada em que era um homem, casado, com filhos, que morava no campo e, um dia, voltando para casa, de carroça, chovia muito, e resolveu ir por outro caminho, pelas montanhas, para encurtar, chegar antes, mas derrapou, a carroça caiu e ele morreu! Saiu do corpo e foi até sua casa, onde viu a mulher e os filhos lhe esperando, quando chegou um homem a cavalo para avisar que ele havia sofrido um acidente, então assistiu em pânico, numa angústia terrível, a mulher e os filhos irem até onde ele estava, morto! Ficou, em Espírito, em sua casa até a esposa e os filhos morrerem, e só então aceitou subir para o Mundo Espiritual, onde se recuperou, ficou bem, mas reencarnou com esse trauma daquela vida dentro de seu Inconsciente. E na vida atual, ainda criança, já sentia aquela tristeza, aquele medo, aquela angústia. E mesmo adulto, casado, ainda sentia esse medo de errar, de fazer algo diferente, de arriscar, de magoar seus familiares. Com essa sessão de regressão, ficou sabendo de onde vinha isso, entendeu o que era esse seu medo de errar, de arriscar, e desligou-se daquela situação. Que outra Terapia pode fazer isso?

6. Sensação de que nunca vai melhorar, desesperança: A esta altura, quem está lendo o livro já deve ter começado a raciocinar psicoterapeuticamente como reencarnacionista... De onde pode vir a sensação, em alguém que está doente, de que não vai melhorar, de que é o fim, de que não há mais esperança? Em primeiro lugar, talvez por ter se submetido a vários tratamentos psicológicos e psiquiátricos com pouco ou nenhum resultado, por ter falado inúmeras vezes sobre seu pai e sua mãe, seu marido ou esposa, os filhos, sua vida, o que sente. Em segundo lugar, porque lhe chamam de fiasquento, mimado, preguiçoso, vagabundo. Em terceiro lugar, porque já fez tratamentos em Centros Espíritas e não tem obsessores... Por que, então, não melhora? Porque está sintonizado em vidas passadas de Depressão e precisa se desligar de lá.

7. Sentimento de pena de si mesmo: Dentro da noção de Personalidade Congênita, a base da Psicoterapia Reencarnacionista, essa é uma das queixas mais comuns e, ao mesmo tempo, uma das mais comuns propostas de Reforma Íntima com que nos deparamos. Costuma se manifestar nas pessoas que reencarnaram com uma antiga tendência de magoar-se, sentir-se coitadinho(a), vítima, rejeitado(a), infeliz. Geralmente, as pessoas que reencarnaram com esse padrão dizem que desde crianças já eram assim, não com a mesma intensidade, mas já sentiam isso dentro de si. Dizem, para um terapeuta que acredita e lida com a Reencarnação, que eram assim na vida anterior e, provavelmente, na outra, e também na outra... Para que reencarnaram agora? Qual sua proposta de Reforma Íntima? Como podem aproveitar a atual encarnação nesse sentido? E se não fizerem estas "viagens no tempo", as regressões éticas, conduzidas por seus Mentores Espirituais, para recordarem que já eram assim há várias vidas passadas e para se desligarem delas? E se ficarem toda esta sua vida achando que isso foi causado pelo pai e pela mãe? Precisam entender que são assim porque nasceram assim. Existe algo mais óbvio do que isso? Um dia desses, vi numa banca de revistas uma *Superinteressante* em que a matéria de capa era: "Por que somos assim?". O texto falava de várias teorias para explicar por que somos como somos, desde a hipótese genética, passando pela familiar, pela social, pela neuroquímica etc. Só não falava da hipótese óbvia: somos assim porque nascemos assim, porque assim era nossa personalidade na encarnação anterior.

8. Sentimentos de culpa injustificáveis: Algumas vezes, nas regressões, se os Mentores entenderem que é conveniente, a pessoa que refere um sentimento de culpa "injustificável" descobre que não era injustificável: matou pessoas em uma vida passada, roubou, estuprou, abandonou a família, cometeu erros, enganos. E até hoje ainda sente aquela culpa de lá. Mas a regressão tem de ser comandada pelo Mundo Espiritual e nunca deve ser incentivado o reconhecimento de pessoas, para evitar que o terapeuta, mesmo bem intencionado, oportunize que o paciente acesse fatos e relembre situações que não devia, que estavam fechados, vedados, infringindo, assim, a Lei do Esquecimento! Às vezes me perguntam se não era para a pessoa reconhecer alguém, no caso dos terapeutas que cometem essa infração, porque ela acessa, porque seus Mentores permitem? Eles permitem porque, pela Lei do Livre Arbítrio, cada um pode fazer o que quiser, as pessoas e os terapeutas. Mas nós não comandamos as regressões para evitar justamente isto: as pessoas verem e saberem o que estava vedado, o que não podia.

9. Afastamento de amigos ou pessoas: As pessoas deprimidas, principalmente as crônicas, tendem a se afastar dos outros, dos amigos, dos familiares, porque tudo perde a graça; não têm mais motivação, alegria, disposição, entusiasmo; começam a ter vergonha de seu estado, a não ter vontade de rir, de brincar, de cantar. Então os outros, muitas vezes, começam a ter pena delas, a comentar. Enfim, arma-se um quadro que pode durar muitos e muitos anos, às vezes até a vida toda. Meu conselho: além dos tratamentos convencionais medicamentosos, façam regressões e uma consulta em Centro Espírita.

10. Medo do que possa acontecer se falhar, obcecado com sua incapacidade ou com o que possa acontecer a outrem se falhar: Como já falamos anteriormente, essas ideias, medos e bloqueios, que muitas vezes perduram pela vida toda, geralmente têm sua origem em falhas cometidas no passado, quando aconteceu algo ruim para si ou para outras pessoas.

11. Não se sente bem em lugar nenhum: Existem muitas pessoas que se sentem como estranhas no ninho. Mesmo em sua família não se sentem parte... Não fazem amizades, são isoladas, solitárias e, mesmo que vivam em família, tenham amigos, vida social, lá no fundo não se sentem participantes da vida, cumprem suas obrigações porque devem fazer isso, mas gostariam de estar só, em casa, em silêncio. Nas sessões de regressão, geralmente elas veem que eram pessoas solitárias, isoladas, em vidas passadas, que só se sentiam bem, após desencarnar, no Mundo Espiritual, e que gostariam de permanecer por lá. Essa tendência de solidão é justamente o que vieram melhorar, dentro de sua proposta de Reforma Íntima, mas sem saberem disso e sem se desligarem das solidões de vidas passadas, é muito improvável que alcancem essa meta.

12. Acabar com tudo: Acabar com tudo é o que desejam os suicidas, mas isso é impossível, pois não somos nosso corpo físico, somente estamos dentro dele, embutidos nele, e a morte apenas faz com que saiamos dele, vivos, pensando, sentindo, ou nele fiquemos, como acontece com aqueles que morrem mas não saem, vão para o caixão junto com o corpo morto e lá permanecem. Devemos ter a noção de que somos um Espírito em um corpo físico, que existe apenas para que possamos vivenciar passagens por este planeta denso, e que é adequado e feito para as condições terrenas de gravidade, pressão e atmosfera. Aqui na Terra tem oxigênio, então nosso corpo tem de ter nariz, brônquios e pulmões para aspirá-lo e enviá-lo ao sangue para fazer nossas células funcionarem. Temos de comer, então nosso corpo tem de ter boca, esôfago, estômago, intestino e ânus para sair o que sobra. Temos de eliminar os líquidos, então temos de ter rins, ureteres, bexiga e uretra. Temos de ter um órgão centralizador que recebe os estímulos externos e os encaminha para nosso Espírito, que os recebe e repassa para o corpo, por isso temos o cérebro. Temos de ter proteção, então o corpo tem pele, para onde também vai o que "não presta" (como diz o povo: "botar pra fora"), por isso que não existem doenças de pele, e sim doenças na pele. A cura da psoríase, do herpes, do vitiligo, de todas as doenças crônicas na pele, tem de ser feita interiormente, nos pensamentos e nos sentimentos das pessoas, que é de onde se originam. Bem, voltando ao "Acabar com tudo", como isso é impossível, nunca acontecerá, não adianta nem tentar. O que você deve fazer é descobrir de onde vem sua Depressão, se não há Espíritos obsessores em volta, se você não está sendo muito egoísta, materialista, se sua vida tem um sentido espiritual, se pratica a caridade, se não está perdendo tempo demais com bobagens, muita televisão, conversa fiada, se não está viciado em drogas, como álcool, cigarro ou outras; enfim, se está vivendo como seu Espírito e seus Mentores Espirituais querem, ou se está simplesmente vivendo.

CAPÍTULO 3
TIPOS DE DEPRESSÃO

A VISÃO TRADICIONAL

Existem basicamente dois tipos de Depressão:

1. A Depressão monopolar, que só apresenta fases depressivas.

2. A Depressão bipolar, ou transtorno afetivo bipolar, que se caracteriza pela alternância de fases depressivas com maníacas, tristeza profunda alternada com exaltação, alegria ou irritação.

Na Depressão monopolar a pessoa está sempre, ou a maior parte do tempo, mal, triste, desanimada. Já na Depressão bipolar, passa por fases em que se sente bem e fases em que se sente muito deprimida.

A VISÃO REENCARNACIONISTA

Nas depressões "monopolares", em que a pessoa está sempre triste, desanimada, ou de vez em quando melhora (mas, quando piora, volta a melancolia, vai se sentindo mal novamente, desanimada, querendo só ficar em casa, sozinha), na maioria dos casos, ela está na verdade sintonizada em vidas passadas em situações depressivas, e é como se sente hoje em dia. Por vezes, está aqui e lá, vivendo duas (ou mais) vidas concomitantemente; mas também pode estar aqui por um tempo, aí regride para outra vida, depois volta, então vai para lá mais uma vez, retorna de novo para a atual... Mas como aqui e lá ela se sente da mesma maneira, nem nota que está fazendo regressões espontâneas, parece que está sempre aqui, mas não, está alguns dias (ou semanas, meses) aqui, outros lá... E quando está sintonizada em mais de uma vida passada depressiva, é pior ainda, pois regride para várias vidas sem saber, vai e volta, vai para uma, para outra, volta para esta... E assim fica, até que faz algumas sessões de regressão e percebe o que estava acontecendo. Com os desligamentos, fica aqui na vida atual, e como se desligou das situações depressivas do passado, sua vida atual melhora muito e a Depressão vai se curando.

Nas depressões "bipolares", também chamadas de transtorno afetivo bipolar, a pessoa geralmente está sintonizada em vidas passadas de Depressão, baixa autoestima, pobreza, e em vidas de elevada autoestima, riqueza, e então, algumas vezes, está em uma vida, depois em outra bem diferente, depois em mais uma... Por isso, às vezes se sente bem, até alegre demais, eufórica, achando-se o máximo; outras vezes está mal, se sente inferior, um nada. Todos nós fazemos regressões espontâneas para vidas passadas e onde estamos é como nos sentimos. Algumas vezes ficamos lá por horas, ou dias, meses, anos... talvez até pela vida toda. Às vezes vamos e voltamos. Quem trabalha com regressão sabe disso.

Sei que o que estou falando aqui não é algo ortodoxo, formal, conhecido do meio médico e psicológico oficial, e, possivelmente, alguns leitores devem estar achando que invento coisas para vender livro... Mas o fato de que vivemos várias vidas ao mesmo tempo (a atual em nosso Consciente e as passadas em nosso Inconsciente) é de pleno conhecimento tanto dos terapeutas de regressão quanto das pessoas que se submetem às regressões, nas conversas pós-sessão, quando estão admiradas e aliviadas. No caso das depressões "monopolares", as pessoas percebem que estavam vivendo uma Depressão de séculos atrás ou estavam sintonizadas em várias vidas depressivas e melhoram muito com o desligamento, além de encontrarem em sua Personalidade Congênita uma tendência de fraquejar, esmorecer, desistir, e é isso que vieram reformar em si na vida atual, por fazer parte de sua proposta de Reforma Íntima.

No caso das depressões "bipolares", elas descobrem que estavam vivendo vidas diferentes em seu conteúdo, de elevada autoestima ou de baixo conceito a seu respeito, de riqueza ou de pobreza, em que se achavam ou realizadas ou fracassadas, em que eram capazes de fazer coisas e as faziam, ou então achavam-se incapazes. E era assim que se sentiam hoje: alguns dias ou semanas de uma maneira, outros dias ou semanas de outra. E isso faz baixar o Lítio nessas pessoas. Lembro-me de um caso de uma pessoa que acessou várias vidas passadas e em uma era um nobre, em outra era um mendigo, em mais uma era um comerciante rico, depois um escravo negro... E assim vivia nos dias de hoje, às vezes era o nobre, outras vezes era o mendigo, de vez em quando estava aqui, depois era o comerciante rico, então voltava para cá, dali a uns dias era o escravo negro. E assim ia, com vários tratamentos, medicamentos, até que fizemos as regressões e ele acessou e desligou-se dessas vidas passadas, passando a estar muito mais aqui na vida atual e entendendo por que era tão instável, por que tinha aqueles picos de alegria, de euforia, alternados com picos de tristeza, de baixa autoestima. Além do benefício dos desligamentos, que curaram seus sintomas, percebeu sua proposta de Reforma Íntima: trabalhar o orgulho, a vaidade e a autoestima, não se achar mais do que ninguém, nem menos.

Todos os terapeutas de regressão sabem que não estamos vivendo só esta vida, e isso precisa ser difundido no meio médico e psicológico oficial, entre os terapeutas alternativos, espiritualistas e para a população em geral, a fim de ajudar os que sofrem de Depressão, Fobias, Transtorno do Pânico, dores físicas sem diagnóstico ou sem solução etc.

CAPÍTULO 4
AS CAUSAS DA DEPRESSÃO

A VISÃO TRADICIONAL

A causa exata da Depressão permanece desconhecida. **A explicação mais provável é que a causa seja o desequilíbrio bioquímico dos neurônios**[1] responsáveis pelo controle do estado de humor. Essa afirmação baseia-se na comprovada eficácia dos antidepressivos. O fato de ser um desequilíbrio bioquímico não exclui tratamentos não farmacológicos. Em nosso cérebro existem mensageiros químicos chamados neurotransmissores que ajudam a controlar as emoções. Os dois mensageiros principais são a serotonina e a noradrenalina. **Os seus níveis aumentam ou diminuem, mudando nossas emoções.**[2] Quando os neurotransmissores encontram-se em equilíbrio, sentimos a emoção certa para cada ocasião. Quando alguém está deprimido, os mensageiros químicos não estão em equilíbrio, **mas isso ocorre em algumas pessoas e não em outras**[3], sendo que em certas famílias é mais frequente. Por isso, a tendência genética ainda é alvo de estudos para que se encontre a causa da Depressão.

A maior causa psicológica são **os eventos desencadeantes da vida**[4] de todos nós, pois geralmente encontramos uma relação entre certos acontecimentos e o início de um episódio depressivo. Mas esses eventos não podem ser responsabilizados pela manutenção da Depressão, pois, na prática, a maioria das pessoas que sofre um revés se recupera com o tempo. Se os reveses da vida causassem Depressão, todas as pessoas a eles submetidos estariam deprimidas, e não é isso o que se observa. Os eventos estressantes provavelmente desencadeiam a Depressão nas **pessoas predispostas**[5], vulneráveis. Alguns exemplos de eventos estressantes são a perda de uma pessoa querida, a perda do emprego, uma mudança de habitação contra sua vontade, uma doença grave etc. Essas pequenas contrariedades não são consideradas como eventos fortes o suficiente para desencadear Depressão, a não ser em pessoas predispostas, que tenham, para isso, uma **tendência genética**[6]. Também o uso de alguns medicamentos, como os remédios para hipertensão (pressão alta), podem causar Depressão. Já o álcool e algumas drogas ilegais podem piorar a Depressão. **O que torna as pessoas vulneráveis ainda é objeto de estudos.**[7] A influência genética, como em toda a Medicina, é muito estudada. Trabalhos recentes mostram que, mais do que a influência genética, **o ambiente durante a infância**[8] pode predispor mais as pessoas.

Na **Depressão pós-parto**[9], os sintomas podem incluir um afastamento do bebê, não querer saber dele, sentir-se incapaz de cuidá-lo, um Pânico exagerado acerca do que possa acontecer a ele etc.

A VISÃO REENCARNACIONISTA

1. A explicação mais provavelmente correta é o desequilíbrio bioquímico dos neurônios: Na verdade, não é a baixa da serotonina que provoca a Depressão, ela é que provoca uma baixa da serotonina, ou seja, a pessoa triste, depressiva, provoca uma baixa desse neurotransmissor. O uso dos medicamentos antidepressivos aumenta a alegria, a vontade de viver, a disposição, mas isso não pode ser "o tratamento", tem de ser um auxiliar para o tratamento potencialmente curativo que é procurar a causa real da Depressão e, muitas vezes, ver como está o entorno espiritual.

2. Os níveis aumentam ou diminuem, mudando nossas emoções: É o contrário, nossas emoções, mudando ou permanecendo muito tempo de uma certa maneira, aumentam ou abaixam o nível dos neurotransmissores. A tristeza abaixa a serotonina; a agitação e a inquietude aumentam a adrenalina; a instabilidade emocional e as emoções à flor da pele abaixam o lítio, e assim por diante.

3. Mas isso ocorre em algumas pessoas e não em outras: A explicação de por que isso ocorre em algumas pessoas e não em outras pode ser encontrada nas regressões, vendo suas vidas passadas e sua Personalidade Congênita (padrão comportamental repetitivo encarnação após encarnação).

4. Os eventos desencadeantes da vida: Na verdade, não são desencadeantes, mas afloradores de uma tristeza crônica, uma Depressão antiga que já veio em nosso Espírito, já nasceu conosco. São eventos "despertadores" para situações depressivas de outras vidas que estavam inativos dentro de nosso Inconsciente e que, pela morte de alguém, um baque financeiro, uma situação perigosa da vida, um conflito existencial, são ativados e passamos a viver aqui e lá concomitantemente.

5. Pessoas predispostas: São aquelas que vêm sintonizadas em situações depressivas de outras encarnações e trazem, então, uma tendência de deprimir-se há séculos. Frequentemente, por necessidades kármicas, nascem em famílias conflitadas, com um pai ou uma mãe que não atendem suas necessidades afetivas, e durante a vida vão encontrando pessoas e situações que chamamos de "gatilhos", que irão fazer aflorar sua Depressão centenária ou milenar, para que saibam o que vieram curar aqui na Terra, na atual encarnação. Em meus livros *Como Aproveitar a Sua Encarnação* e *A Terapia da Reforma Íntima,* explico bem o que são os gatilhos.

6. Tendência genética: Se a Reencarnação não for incluída no raciocínio diagnóstico, na busca da causa da Depressão, só se pode ir até a genética, pois não existíamos antes. Mas se a Reencarnação for incluída, vai da genética para trás, para a vida anterior e as que lhe são anteriores. A tendência para Depressão é pré-genética.

7. O que torna as pessoas vulneráveis ainda é objeto de estudos: Se esses estudos focarem apenas os neurotransmissores e não penetrarem no Inconsciente, não se poderá chegar a uma conclusão realmente curativa. Pela nossa experiência de muitos anos de regressões, todo sentimento, toda dificuldade que for muito forte, principalmente se manifestados desde a infância, não têm sua causa na vida atual. Um grande medo, uma timidez intensa, uma tristeza desde criança, uma forte tendência de magoar-se, de sentir-se rejeitado, de isolar-se, não são desta vida, vêm lá do passado. O que for fraco ou de pouco impacto na vida da pessoa pode ser da vida atual, ou é algo que já veio fraco.

8. O ambiente durante a infância: Nossa infância é co-criada por nós e por Deus, o nome que se dá aqui na Terra para a Harmonia Universal, a Inteligência Cósmica, o Amor Infinito, entre outras denominações que queremos dar ao que é Inominável. Descemos do Plano Astral para passarmos por vivências e situações que necessitamos, dentro das Leis Divinas da Necessidade, da Finalidade, do Merecimento e do Retorno. Então, alguns necessitam ou merecem uma família rica, outros uma família pobre, alguns precisam de um pai bom, outros de um pai ausente, agressivo, autoritário, ou uma mãe boa, carinhosa, ou uma mãe fria, sem dons afetivos, e tudo que acontece em nossas vidas atende a essas Leis.

9. Depressão pós-parto: Temos encontrado nas regressões as explicações para muitas depressões pós-parto, geralmente situações traumáticas de vidas passadas envolvendo partos difíceis, mortes no parto, morte do filho, doenças advindas do parto, abandono por parte do marido após o nascimento do filho, enfim, traumas que se escondem dentro do Inconsciente dessas mulheres e que acabam aflorando, muitas vezes já durante a gestação, outras vezes ao ir se aproximando a hora do parto, ou no momento dele, ou após o nascimento do filho, e a mãe passa a viver aqui, na vida atual, onde muitas vezes não tem uma explicação plausível para a Depressão, e lá na vida onde aconteceu realmente algo de muito grave, e muitas vezes está mais lá do que aqui. A Psicologia tradicional, não reencarnacionista, busca na infância o que aconteceu, como era sua mãe, a relação entre seus pais, as informações que recebia, como é seu casamento, o marido, sua autoestima, suas ideias a respeito da maternidade etc. Nós também fazemos isso, mas analisando a infância não como um início, e sim como uma continuação, e seguimos os passos do Dr. Freud, abrimos seu Inconsciente através de uma meditação e deixamos que seus Mentores Espirituais mostrem o que houve lá no passado, naquela vida anterior onde está sintonizada, para saber exatamente o que é essa Depressão que sente, esse medo, essa angústia, e então desligar-se de lá. E os casos de infertilidade, de querer engravidar e não conseguir, pessoas que desde crianças dizem que não vão casar, não vão ter filhos. De onde vem isso?

CAPÍTULO 5
CINCO CASOS DE REGRESSÃO

Caso 1

Uma mulher, de 47 anos de idade, vem à consulta por Depressão, leu meus livros, quer fazer regressão. Diz que sempre trabalhou na área social, com os pobres, doentes, mas anda muito deprimida, pessimista, desiludida com o país, com a humanidade. Sem vontade, desorganizada, tem insônia e sente muita angústia, tristeza, cansaço. Tem infertilidade, já fez tratamentos, mas não consegue engravidar.

Na primeira sessão de regressão, acessou uma vida passada. Vejamos:

(Após a Meditação)

– Vejo uma espécie de fonte.
– *Sim.*
– No centro de um jardim.

– *O que está acontecendo? O que tu vês?*

– Me sinto um pouco sufocada. Vejo um jardim grande, tem flores, uma carruagem. Acho que eu era criança, fui levada por esta carruagem, como se eu tivesse sido roubada. Como se eu tivesse sido roubada da minha mãe.

– *Sim.*

– Essa carruagem chega numa casa muito grande, com muitos empregados, e eles cuidam de mim. Uma sensação de sufocamento, de medo, solidão. É como se eu tivesse medo da casa, de ficar lá.

– *E depois, foi passando o tempo e tu foste ficando mais velha...*

– Eu vejo um homem, todo de preto, numa carruagem, ele quer me levar para eu casar com ele. É uma menininha de vestidinho, sou eu. Agora entramos no jardim (começa a chorar baixinho). Uma sensação de muita tristeza!

– *Sim, e depois?*

– Não sei. Me sinto pequena, com essa sensação de desespero.

– *Depois foi passando o tempo, fostes ficando mais velha...*

– Acho que passei minha vida naquele lugar.

– *Sim, e depois? Continua.*

– Eu me vejo mais velha, de vestido preto, cabelo preso.

– *E o tempo foi indo, passando...*

– Eu fico muito numa cama grande, estou de cabelo branco.

– *Como tu te sentes?*

– Muito frustrada. É tão ruim (chorando muito), que horror! Acho que ela vai ficando velha, sempre no quarto. A sensação é de angústia, dor. Acho que eu morri, mas não saio do quarto.

– *E depois que tu morres, o que acontece? Vamos ver quem vem te ajudar, te buscar. Depois que morre o corpo...*

– Estou perdida.

– *Vamos lembrar quem vem te ajudar, um Ser de Luz, um Anjo, alguém que tu conheces...*

– Eu vejo meu corpo na cama.

– *E depois? Vamos ver.*

– Parece que eu decidi me levantar. Vejo uma senhora que cuidava de mim ali no quarto. Aparece uma mulher, é bem clara, estou saindo pela janela. Vejo a torre do castelo.

– *Vamos ver como tu vais indo para o Mundo Espiritual, como vais te sentindo... Vai me contando.*

– Só vejo muito verde, um outro gramado. Tem muita gente.

– *Como são as pessoas aí?*

– Tem muita gente, todos vestidos de branco. Estou triste (volta a chorar). Acho que sinto falta das pessoas que eu deixei.

– *O tempo vai passando nesse lugar... Tu vais te adaptando, conhecendo as pessoas. Como vais te sentindo, o que tu fazes?*

– Eles me dizem que ninguém consegue ficar triste ali. Acho que eu era muito apegada às pessoas com quem eu vivi, estava com uma revolta, talvez pela injustiça de ter sido tirada da minha mãe.

– *Sim, e como tu vais te sentindo neste lugar? O que tu fazes? Vai passando o tempo...*

– Não consigo me lembrar o que me consola. Acho que tem que passar um tempo até conseguirem me explicar... É como uma preparação para outra vida. É uma sensação de comunhão, como se todos fossemos um só. Uma sensação de serenidade. Acho tão difícil essa compreensão de desapego das coisas terrenas, de precisar se desconectar. Tenho uma sensação de me desmanchar numa Energia.

– *Como tu estás te sentindo?*

– Totalmente fundida com uma Energia enorme, milenar. Acho que na próxima vida fui um soldado. Me vejo de uniforme, muito jovem. Um uniforme meio marrom, meio azeitona. Um jovem muito cônscio dos seus deveres. Ele acredita nele mesmo. Ele não vai para a frente de batalha, trabalha num quartel, atende o telefone, leva papéis de um lado para outro, informações. Num prédio de madeira muito frio, gelado.

– *Sim, e o que aconteceu? O tempo vai passando...*

– Acho que terminou a guerra, fui para uma cidade. Tem muita gente, acho que acabou a guerra. Que bom (começa a chorar) que acabou a guerra, todo mundo está tão feliz! Até eu. Que bom que terminou a guerra. Mas me sinto tão só. Acho que eu tenho uma loja, tenho família, todos trabalham comigo nesta loja.

– *Sim, e o que aconteceu depois? A vida foi passando, foi indo...*

– Fico trabalhando, arrumando essa loja. Minha mulher trabalha comigo. Minhas filhas já estão grandes, não estão mais comigo.

– *E o tempo foi passando, tu foste ficando mais velho, como te sentes?*

– Não estando na guerra, eu fico feliz, posso trabalhar nessa loja. Eu me vejo numa cadeira de rodas, nessa mesma loja. Pelo menos não fico sozinho. Me vejo velhinho, sentado numa cadeira, de óculos. Acho que meu filho assume a loja. Minha mulher cuida de mim.

– *E depois, o tempo foi passando. Tu velhinho...*

– Acho que morro numa cadeira de rodas.

– *Depois que morre o corpo, és um Espírito... O que acontece?*

– Subi para um lugar claro, bom.

– *E como tu te sentes nesse lugar?*

– Aqui é bom, me sinto bem, calmo. Acho que eu nasci de novo, nasci mulher. É outra encarnação.

– *Sim.*

– Parece que não descanso. Nasci na guerra de novo. Eu brinco com as crianças (rindo). Tão bom de estar ali com elas. Estão ali se tratando.

– *E como tu te sentes?*

– Não acredito que eu tive que voltar para uma guerra como enfermeira! Uma enfermeira que cuida de crianças feridas na guerra. Acho que é outra guerra. É um hospital, tem um menino e eu cuido dele. Deve ter uns 10 ou 11 anos, cabelo raspado, magrinho e alto. Está de pijama, já está curado e vai sair. Acho que ele não tem para onde ir, está sozinho no mundo, ele foi curado, mas não tem para onde ir. Eu fico preocupada e não sei para onde ele vai, ele perdeu os pais. De alguma forma, eu fico ligada nele porque ele me dá notícias. Acho que ele foi para um orfanato, está crescendo, ficando adulto. Agora ele casou e eu fui junto. Continuo trabalhando no hospital até ficar velhinha.

– *E essa vida foi passando, terminando...*

– Fico trabalhando no hospital e ajudando as pessoas.

– *E como esta tua vida terminou?*

– Esse rapaz me visita de vez em quando. Acho que vou morrer dentro do hospital.

– *E depois que morre o corpo...*

– Acho que é aquela mesma mulher que vem me buscar de novo. Ela me diz que eu ajudei muita gente. Me sinto feliz! Aqui é muito bom, tudo passou!

– *Sim, que bom, então aproveita, relaxa. Outro dia podemos ver mais coisas, sempre com a permissão dos teus Mentores Espirituais. Descansa agora, aproveita essa paz, por hoje está bom. Descansa.*

COMENTÁRIO

Vejam que ela estava sintonizada em uma vida passada em que era uma menina que foi tirada de sua mãe e levada para um castelo, onde foi obrigada a casar com um homem de que não gostava. Passou a vida lá, presa, infeliz, sentindo-se muito triste, sozinha, até ficar velha, morrer muito angustiada, frustrada, decepcionada. Morreu, subiu para o Mundo Espiritual, onde se recuperou, ficou bem. Depois viu uma outra vida em que era um homem numa guerra, mas ele não lutava, trabalhava na área burocrática, ficou muito feliz quando a guerra acabou, casou, teve filhos, mas se sentia só. Morreu velho, subiu para o Mundo Espiritual, onde ficou bem. Reencarnou como mulher, uma enfermeira, em outra guerra, onde cuidava de crianças, apega-se a um menino que é sozinho, abandonado, depois que ele cresce e casa, vai morar com ele, e fica com ele até ficar velha, morrer, então sobe de volta para o Astral. As sessões pelo método ABPR são comandadas pelos Mentores de cada pessoa e, muitas vezes, além do desligamento de vidas anteriores de onde vêm os sintomas, esses seres mostram vidas passadas para a pessoa ver como era lá, o que fazia, ou seja, para tirar lições tanto positivas quanto negativas. Vejam que ela viu uma vida passada de onde vinha grande parte da tristeza, da Depressão que sentia no presente, a frustração, a angústia, e lhe mostraram duas vidas passadas em que ela era aquele homem contrário à guerra que, mesmo casado, sentia-se só, e a enfermeira que cuidava de crianças feridas, mostrando-lhe que ela tem essa vocação de se preocupar, de cuidar de pessoas já há muitas vidas, e que, então, está no trabalho certo. As regressões podem ser terapêuticas (desligamento) ou conscienciais; nessa sessão, ela teve uma terapêutica e duas conscienciais.

2ª SESSÃO DE REGRESSÃO

Na segunda sessão de regressão ela se viu em uma vida passada como um jovem homem que trabalhava em um navio, se sentia só, assistiu a um enforcamento, ficou muito condoído da pessoa, sentiu muita dó, foi ficando velho, doente, morreu, subiu para o Mundo Espiritual, onde se recuperou, ficou bem. Em seguida, acessou outra vida em que era um homem, um chinês, casado, com filhos, foi ferido com uma lança no peito, morreu culpado por deixar sua família. Foi para o Astral, onde recebeu um atendimento, ficou bem. Depois viu-se em uma outra vida como uma mulher, com vários filhos, muito atarefada, trabalhava muito em casa, na terra, sua aldeia foi atacada, foi morta, bem como vários filhos. Não queria subir para o Mundo Espiritual, queria ficar com os outros filhos, mas depois de um tempo foi para o Astral, para um hospital, foi tratada, melhorou, ficou bem e, um dia, reencontrou-se com seus filhos que haviam morrido naquele ataque, ficou muito feliz.

COMENTÁRIO

Na vida do homem no barco já mostrou seu bom coração, sua compaixão pelo sofrimento das pessoas; na vida como o chinês, morreu culpado por deixar sua mulher e filhos; na vida da mulher, morreu deixando filhos aqui na Terra. Quem sabe essa pode ser a explicação para sua atual infertilidade? O chinês era fértil, a mulher nem se fala... Por que ela hoje tem essa dificuldade de engravidar? Temos encontrado explicações para isso nas regressões, mulheres que morreram no parto em uma vida passada, ou o filho morreu logo após o nascimento, ou tinha muitos filhos e foi abandonada pelo marido etc. No caso dessa paciente, sua infertilidade talvez se deva à culpa que o homem chinês sentiu ao morrer e abandonar sua família e à morte dessa mulher e seus filhos. Vamos ver se, depois desses desligamentos, ela cura a infertilidade e engravida.

CASO 2

Uma mulher, de 50 anos de idade, vem à consulta por Depressão. Diz que sente uma tristeza desde criança, sempre foi triste, diziam que era quietinha, ficava sentadinha, quieta, triste, não ria, mas piorou muito há cinco anos, quando se separou do marido, ficando sozinha, aí ficou muito mal, entrou em Depressão. Já tomou vários antidepressivos, e atualmente usa Effexor, Depaquene e Topiramato, melhora, mas se para fica mal. "Pareço uma morta-viva, não tenho vontade de nada." Diz que tem muito medo, um medo de tudo, de enfrentar situações novas, acha que é incapaz... Tem uma timidez, se encolhe, sempre acha que os outros são melhores do que ela... É assim desde pequena, era magrinha, miudinha, as gurias lhe deixavam de lado, ficava triste, se achava menos que elas, sentia-se rejeitada, desprezada. "E essa tristeza sempre dentro de mim. Algo me diz que vou envelhecer e morrer sozinha, que meu destino é viver sozinha, morrer sozinha, numa casa geriátrica, ficar lá, mal, sozinha." Tem frequentemente ideias de suicídio.

Vejam onde ela estava sintonizada:

(Após a Meditação)

– Estou vendo uma mulher.

– *Sim.*

– É uma época antiga, uma serviçal, trabalha numa taberna.

– *E como tu te sentes aí?*

– É meio gorda, feia, cabelo comprido, mal cuidado. É muito triste, sozinha.

– *Sim, continua.*

– Eu não tinha ninguém, eu era fechada, não sorria. Uma vida sem graça.

– *Sim.*

– Eu nunca sorria. Sentia raiva dos homens, das mulheres se divertindo. Eu só servia, depois que todos iam embora, eu ficava ali, sentada, olhando para o chão. As pessoas eram feias, rudes, riam alto, gritavam, eu sempre de cara fechada, eles se divertindo e eu ali. Depois eu tinha que limpar toda aquela sujeira. Toda noite a mesma coisa (triste, revoltada).

– *E quando o tempo foi passando, a vida foi indo...*

– É um lugar muito frio, eu saía, botava um casaco de pele feio, tem muita neve.

– *Sim.*

– As casas são todas feias, eu moro numa espécie de porão, só tem uma cama, um cobertor.

– E como tu te sentes?

– Eu deito e choro, não tenho ninguém, sou muito só (muito triste).

– E quando vais ficando velha, a vida vai passando...

– Não consigo mais trabalhar, sinto muita dor, não me quiseram mais lá, me mandaram embora...

– E como é que tu ficas? Vais ficando mais velha...

– Meu cabelo está bem branco, estou meio corcunda, minhas mãos estão deformadas. Ficava lá no meu canto, fechada, só saía para comprar comida. Ficava o tempo todo deitada, muito fraca.

– E o tempo foi passando...

– Quase nem comia mais, não tinha fome, só deitada. Aquela mulher grande, gorda, foi ficando fraquinha, magrinha... Não tinha mais forças (fraca).

– E vamos ver quando a vida foi indo, passando...

– Eu tinha muito medo de morrer sozinha. Fui num hospital, não me quiseram, disseram que eu não estava doente, estava velha, e que velho tinha que morrer em casa. Eu disse que não tinha mais forças, não conseguia mais comer, mal conseguia caminhar.

– Sim, e o que fizeram?

– Não me quiseram, me mandaram para casa. Não deixaram eu ficar lá. É tão frio (chorando, muito triste).

– E o que tu fazes? Continua.

– Lembrei que mais adiante tinha um convento, fui lá pedir ajuda, era minha última salvação, nem sei como consegui chegar lá, fui quase me arrastando.

– Sim, e o que aconteceu?

– Bati na porta, elas abriram, eu caí, exausta, fraca, quase morrendo. Elas me acolheram.

– Que bom. Continua.

– Me levaram para um quartinho, me botaram numa caminha, me deram comida e lá eu fiquei, até morrer.

– *E depois que o corpo morre...*

– Uma manhã elas chegaram e eu estava morta. Vejo meu corpo, feio, velho, magro. Tenho pena de mim. Elas estão rezando.

– *E o que acontece...*

– Vejo uma Luz, ela brilha muito, vem me buscar (relaxa, fica em paz, tranquila).

– *Continua.*

– Elas me cobrem com um lençol bem branquinho, bordado, muito bonito. Botaram um crucifixo em cima de mim, no meu peito. Estou subindo, a Luz está me puxando. Vejo um Anjo, ele me pega pelas mãos (chorando, muito emocionada). Está me levando para o céu, no meio daquela Luz. Ele tem asas enormes.

– *Sim, continua, vamos ver para onde o Anjo te leva.*

– Eu consegui sorrir para ele. Estou subindo, subindo, não tenho mais nenhum contato com aquele corpo. Estou voando com o Anjo.

– *Então relaxa, pode permanecer em silêncio, aproveita. Tudo terminou, passou, agora tu vais te sentir muito melhor, te desligaste daquela vida, daquela tristeza, da solidão, do medo. Outro dia podemos ver mais situações do teu passado, sempre com a autorização dos teus Mentores Espirituais. Absorve bem essa Luz, essa Paz, traz contigo quando voltares.*

COMENTÁRIO

Essa pessoa reencarnou tão sintonizada na vida que acessou que em sua infância na vida atual era uma criança quietinha, calada, fechada, ficava sentadinha, não sorria. Já era triste, ou, melhor dizendo, continuava triste. Era ela daquela vida, aquela mulher sozinha, triste, que se sentia rejeitada, abandonada. E o medo que ela referiu de morrer sozinha, a sensação de que iria morrer abandonada, numa casa geriátrica, vem dessa vida em que quase morreu sozinha mesmo, não fosse a ação caridosa das freiras que a acolheram. Sua sensação de que os outros são melhores do que ela, a inferioridade, a timidez, também vêm daquela vida, se é que não vêm ainda de mais tempo atrás. E na vida atual ela nasceu magrinha, fraquinha, como morreu lá naquela vida. Por isso que os antidepressivos não funcionam curativamente com ela, apenas paliativamente, pois ainda estava lá naquela vida. Desligada de lá, sua melhora foi grande, além disso, descobriu uma tendência antiga de entristecer-se, sentir-se menos, acomodar-se, não lutar pelo que quer, não sair da situação desconfortável, ir ficando...

Caso 3

Uma moça, de 20 anos de idade, vem à consulta por Depressão e me diz que se trata para tristeza desde os 10 anos. Ela se tranca no quarto, fica no computador, não quer ver ninguém, deixa tudo bagunçado... Ouve vozes, vê seres... Sua mãe teve Depressão pós-parto e até os 5 anos de idade ficava só em casa, no escuro, com tudo bagunçado. Era uma criança muito parada. Quando a mãe melhorou, começou a bater nela para ela se mexer, arrumar as coisas, arrumar o quarto... Não gosta de visitas, enjoa dos namorados, fica só no quarto, é muito tímida, envergonhada, fica muito brava, às vezes joga coisas longe, quebra objetos, chega a tremer de raiva! É também artista plástica, já fez exposições, mas entra em pânico, quer sair do local, vem um medo, estar em evidência... Na gestação, sua mãe passou mal o tempo todo, vomitou durante os nove meses.

Receito-lhe uma composição de Florais: Aspen (para quem vê seres, ouve vozes), Mimulus (para o medo, aumentar a coragem), Mariposa Lily (a mãe interna), Saguaro (o pai interno), Larch (para aumentar a autoestima, a confiança), Holly (para a raiva), Heliotropium (para a tristeza), Willow (para a mágoa) e um *spray* de Florais para usar em si, para proteção e limpeza de sua aura (Fringed Violet/Arruda/Yarrow). Recomendo-lhe fazer uma consulta e um tratamento espiritual em um Centro.

Na sessão de regressão, ela viu uma vida passada em que estava presa em um lugar, com os braços amarrados para trás, não conseguia mexer-se. Morreu ali, saiu do corpo, foi subindo, flutuando, já conseguia mexer os braços, sentia-se livre, foi ficando bem. Em seguida, viu uma vida em que era uma moça, de uns 12 anos, seu pai era um homem sério, de chapéu, bigode, gostava muito dele, moravam em uma casa, sentia muita dor de cabeça, eram ricos, foi crescendo, com uns 20 anos teve tuberculose, não saía mais de casa, com muita tosse, passava muito tempo sentada em uma cadeira de balanço, queria casar, mas não podia, sentia-se muito triste, sozinha. Só ficava em casa, quieta, triste, não gostava de sair para a rua, sentia dor de cabeça, foi definhando, morreu jovem. Foi levada para o Mundo Espiritual, onde gostava de ficar no jardim, sentada, gostava das pessoas, mas ainda se sentia sozinha. Foi melhorando, sentido-se bem, terminamos a sessão.

COMENTÁRIO

Vejam que ela, desde criança, já sentia uma tristeza que, aparentemente, vinha da gestação e da Depressão pós-parto de sua mãe, das situações que passou na infância, mas, além disso, essas vidas passadas estavam ainda ativas em seu Inconsciente. Na primeira que acessou, estava presa, amarrada, não podia mover-se, e na segunda era feliz, mas teve tuberculose e passou a ficar em casa, com dor de cabeça, tosse, triste, sozinha, até morrer. Na vida atual, ela estava sofrendo as consequências dos fatos da gestação e da Depressão de sua mãe no início de sua vida mais os fatos daquelas vida passadas (em uma presa e na outra doente). Com os desligamentos dessas vidas passadas, fica o que sofre hoje; antes eram três vidas de sofrimento, agora é só a atual, a não ser que tenha mais vidas passadas ainda atuantes, que poderemos ver em outra sessão de regressão. Também é interessante comentar que a tuberculose é uma doença associada à tristeza, à solidão, por afetar os pulmões, e naquela vida ela era feliz, mas "pegou" tuberculose, o que mostra que ela já vem com uma antiga tendência kármica de tristeza, solidão, mágoa, sentimento de rejeição. Se ela não se desligar de mais vidas passadas, dificilmente curará sua tristeza congênita.

CASO 4

Uma mulher, de 30 anos de idade, vem à consulta por Depressão e me diz que tem uma tristeza desde criança, é como uma solidão, já foi até internada por Depressão. Diz que tem muita dificuldade de entregar-se numa relação afetiva, é como um medo, parece que o namorado está lhe traindo, que vai lhe trair... Termina a relação, se isola, sofre, chora muito. Faz terapia há muitos anos, mas não encontra a causa disso, não melhora. Tem muito baixa autoestima. Seus pais são bons, carinhosos, é a filha mais próxima deles. Diz que sente sempre uma melancolia, uma tristeza, melhora com antidepressivos, mas piora novamente. Tem fases em que se sente melhor, e fases em que essa Depressão volta muito intensa, é terrível.

Na sessão de regressão, acessou uma vida passada em que era uma mulher pobre, simples, com uma vida monótona, vai ficando velha, sente-se muito triste, sozinha, não tem ninguém, vive só. Morre, não sai do corpo, vai para o caixão, fica lá, inerte, sentindo-se sozinha, com medo, muito insegura, fraca, passa muito tempo, até que um dia vêm dois Seres buscá-la e a levam para o Astral, chegam num lugar claro, bonito, onde recebe um tratamento, melhora, vai sentindo-se bem, fica bem. Em seguida, acessa outra vida, em que é uma menina, sua família é rica, o pai é uma pessoa importante, trabalha muito, a mãe é doente, está sempre na cama, deitada, triste, sem forças, ela se queixa que queria o colo da mãe, mas ela está sempre lá, no quarto, deitada... Não tem irmãos. Sua mãe morre, ela chora muito, sofre muito, "Eu quero minha mãe!" (gritando, chorando) "Ela me deixou! Eu quero colo!" (muito triste) "Estão levando ela para o cemitério. Eu não posso ir. Todo mundo de preto. Ela não está mais na cama dela. Estou sozinha!" Vai crescendo, torna-se uma adolescente muito triste, fechada, isolada, fica adulta, casa, tem filhos, de uma filha ela não gosta. "E ela gosta tanto de mim. Não consigo pegar ela no colo" (nesse momento, reconhece espontaneamente sua sobrinha de hoje e me diz que ela é muito carente). "Eu não amo meu marido também." Tem mais um filho, gosta dele, sente pena da filha da qual não gosta. "Dele eu gosto, com ela eu disfarço." O menino morre, bem pequeno, ela entra em pânico, fica só na cama, dias e dias. "Foi castigo!" A filha cresce, vai estudar em outro lugar. "Como eu sou amarga, não sei nem sorrir." Fica velha, muito triste, sente muita culpa em relação à filha. "Eu não acredito nem em Deus." Morre, sobe para o Mundo Espiritual, recebe um atendimento, entra num grupo de estudos, tem de aprender a ser mãe, a ser jovem, a não se culpar. Fica bem. Em seguida, vai para outra vida, em que é uma mulher, uma dama que se apaixona por um homem pobre, perde a virgindade com ele, ele vai embora, vai se confessar com o padre, ele lhe diz que o homem tinha outras mulheres, acha que o padre está mentindo. É muito magoada. Engravida, lhe obrigam a abortar com chás, remédios, vai para um convento, sente-se muito sozinha lá, triste, vai ficando velha. "Eu não casei." Morre, encontra aquele homem lá no Mundo Espiritual, vai melhorando, ficando bem.

COMENTÁRIO

Vejam que esta jovem estava sintonizada numa vida passada em que era aquela mulher pobre, com uma vida triste, monótona, fica velha, morre, vai para o caixão junto com o corpo, fica lá muito tempo, até que é retirada e levada para o Mundo Espiritual, onde se recupera e fica bem. E na outra vida em que era aquela menina de família rica, com pai importante, a mãe doente, depressiva, como ela também fica mais tarde, muito angustiada, sofredora, amarga. Fica velha, morre, vai para o Plano Astral, onde, após ser atendida e melhorar, entra num grupo de estudos para aprender a ser feliz aqui na Terra. Mas na outra vida, em que era aquela mulher nobre que engravidou do homem que a abandonou e tinha outras mulheres, é obrigada a abortar e termina seus dias num convento, muito triste e só. E na vida atual reencarnou sintonizada nessas vidas passadas, de onde vinha essa tristeza, a melancolia, o medo de entregar-se afetivamente, medo de ser traída, de ser abandonada. Nessa sessão ela recebeu os dois benefícios da regressão: o desligamento daquelas três vidas, de onde vinham os sintomas que sentia, e a conscientização de sua proposta de Reforma Íntima, que é aprender a lidar com os fatos da vida terrena sem entristecer-se, sem deprimir-se, sem esmorecer, sem sofrer por si.

CASO 5

Uma mulher, de 45 anos de idade, vem à consulta por Depressão e me diz: "Eu sinto um vazio, uma tristeza, não tenho vontade de viver. Desde criança sou quieta, fechada, sou de aguentar tudo, não brigo, não falo... Meus pais eram muito ausentes, dizem que eu era uma criança triste. Sempre me senti rejeitada. Fui casada, tenho um filho, mas quis me separar há quatro anos, não dava certo, de lá para cá, estou pior. Meu irmão morreu, perdi o marido, minha filha foi estudar fora".

(Após a Meditação)

– É um lugar muito triste, muito frio, uma casa enorme, muito fria, tem que obedecer, tem que ficar ouvindo, acatar ordens.

– *Sim.*

– É muito sofrido, muita miséria, crianças chorando. Um lugar frio.

– *E o que tu fazes aí? O que acontece?*

– Eu não consigo ver quem é a pessoa que tem que obedecer, nós vamos morrer ali. Parece uma igreja, um castelo ou gruta.

– *Sim.*

– Gente correndo de um lado para outro, dias longos. Eu estou descontente também, me sinto como se estivesse atrás de um muro, atrás de alguma coisa espiando, ele falando... Ele é bonito, mas ele é frio, é fino.

– *Sim, vamos ver.*

– Continuo ali, preparando a mesa, é um banquete, muita comida, bebida... Mas eu estou com medo.

– *O que será? Continua me contando.*

– Me sinto abandonada, fico quietinha num cantinho, sozinha, me sinto um estorvo... Me dão comida, mas me deixam ali, abandonada.

– *Sim.*

– Vou ficando naquele canto, não me deixam mais sair para olhar, estou trancada, acho que é um quarto (chorando muito). Vem uma menina me dar água, comida, passa a mão no meu rosto, me dá um beijo (muito triste, desanimada).

– *Vamos ver. O tempo vai passando, os dias, o que acontece...*

– Dói o corpo, não consigo levantar, dói a cabeça, uma tontura (chorando). Não consigo levantar. Fico sempre deitada, dia e noite, não sinto falta de mais nada.

– *E tu vais ficando aí... O tempo passando...*

– Tem um copo de água, eu bebo. Eu só quero dormir.

– *Sim.*

– Acho que morri. A menina está chorando, não consigo dizer para ela que estou aqui... Ela chora muito.

– *Vamos ver o que tu fazes... Se vem alguém te ajudar... Uma Luz, um Ser...*

– Eu não queria ter ido, me levaram para um lugar. É um lugar muito alegre, sorriem, mas eu não conheço ninguém. Gente boa.

– *E como é esse lugar? As pessoas, a vida aí?*

– Um jardim, um banco, agora me deram um quarto para eu deitar, dormir. Já me sinto bem, como se estivesse acordado de uma noite de sono. Estou querendo saber onde estou, é branco, diferente do lugar onde eu estava, as pessoas sempre sorrindo.

– *Sim, continua.*

– Entra uma pessoa enquanto estou deitada, me dá comida, é tudo limpinho, todos de branco, muita flor, estou vendo pela janela. Me convidam para dar uma volta, é para eu me arrumar, eu tenho que ir para a rua.

– *E tu vais... Como é esse lugar, como tu vais te sentindo?*

– Mas não tenho roupa. Uma pessoa diz que tenho sim, num armário, me ajuda a colocar, toda branquinha. Eu vou lá fora, é tudo colorido. O banco, de quando eu cheguei, está lá. Na frente daquele banco tem um jardim com aquela flor que eu gosto, linda, cor turquesa, de encher os olhos. O jardim que eu não podia ver, agora esse eu posso ver, posso tocar. Me levam para um lugar onde tem muitos jardins, muita gente plantando. Me dão semente, me dão equipamento e eu estou plantando, é tão bom, é tudo aberto, se enxerga o horizonte, longe, longe!

– *Que bom, então aproveita essa paz, essa calma.*

– Flores diferentes, todos sorriem um para o outro. É tão bom ficar aqui no meio destas flores, destas pessoas, tudo claro e colorido.

– *Sim.*

– Tem que ir embora agora. A moça está me levando de volta para o quarto. Todos me cumprimentam, todos têm coisas para fazer, mas não sei quem são.

– *E o tempo vai passando aí...*

– Chegando no quarto, tomo banho. Pedi se eu posso continuar plantando no dia seguinte, me diz que é para eu descansar, não pensar em nada, amanhã é um outro dia.

– *E como tu estás te sentindo?*

– Estou bem. Aqui é muito bom, muita paz.

– *Que bom, então aproveita, descansa, relaxa, pode permanecer em silêncio... Se vier mais alguma situação do teu passado ou alguma orientação, alguma instrução espiritual, tu me dizes. Se não, permanece assim, sentindo essa paz, essa Luz, traz contigo quando voltares...*

COMENTÁRIO

Vejam que ela estava sintonizada naquela vida em que era, aparentemente, empregada doméstica ou escrava de uma casa de pessoas ricas e se sentia menos, muito triste, abandonada, rejeitada, até que algo aconteceu e ela foi encarcerada, sentindo-se cada vez pior, envelhecendo, sempre sozinha, abandonada, até morrer, subir para o Mundo Espiritual, onde foi bem recebida, encaminhada a um tratamento em um hospital, e lhe deram uma casa para morar, enquanto ficasse lá. Ela foi trabalhar em um campo, com flores, e foi sentindo-se cada vez melhor, ficando em paz, sentindo felicidade. Ali pudemos encerrar e, assim, ela desligou-se completamente daquela vida passada e ficou sintonizada num lugar de Luz. Isso é a terapia do futuro (e do presente) para as Depressões severas, principalmente desde a infância, para as Fobias, para o Pânico etc.

É um tanto estranho imaginarmos campos, jardins, flores, trabalhar na "terra" no Mundo Espiritual, mas se pensarmos que tudo isso pode existir mesmo lá em cima, em uma frequência diferente da nossa, muitíssimo mais sutil, compatível com aquele lugar, fica mais fácil acreditar que lá em cima é semelhante a aqui embaixo. Também a existência de edifícios, hospitais, casas. Mas podemos imaginar como isso é possível, se lembrarmos da força do nosso pensamento, e lá no Plano Astral ele é muito mais poderoso ainda, pois está sintonizado com frequências mais compatíveis com sua sutilidade, podemos criar, moldar etc. a Energia Universal à vontade. Inúmeros livros psicografados descrevem as cidades, os campos, os jardins, as flores, os animais etc. e sua leitura é muito esclarecedora. Os pacientes regredidos, inclusive os não espíritas, que nunca leram livros a respeito, acessam esses lugares e os descrevem perfeitamente, algumas vezes com grande riqueza de detalhes.

Muitos afirmam que esses detalhes lá no Mundo Espiritual são como uma imaginação real ou uma realidade imaginária, ou seja, que as pessoas veem lá em cima como estavam acostumadas a ver aqui embaixo, tudo não passa de uma codificação, de uma "interpretação". Pode ser. Pois quem tem a capacidade de afirmar algo realmente, se o que mais nos caracteriza, quando encarnados, é a ignorância?

RECADOS

Um recado às pessoas com Fobia, Transtorno do Pânico ou Depressão

Quero enviar daqui, deste livro, um recado às pessoas que sofrem de alguma Fobia, de Pânico ou de Depressão severa. Quando nós, terapeutas de regressão, divulgamos os benefícios da Terapia de Regressão nesses casos, estamos querendo transmitir aquilo que vemos em nosso consultório, no dia a dia, as melhoras, tanto dos sintomas como da ansiedade que aflige as pessoas que sofrem desses males e não entendem por que passam por isso, o que é, por que acontecem as crises, de onde vêm.

Já atendi centenas de pessoas que me referem suas crises, suas angústias, sua peregrinação por médicos, psicólogos, Centros Espíritas e Espiritualistas etc., obtendo apenas uma melhora parcial, uma amenização de seus sintomas ou uma atenuação apenas enquanto utilizam a medicação psicotrópica, mas que ressurgem com força ao diminuir a dose ou quando o medicamento começa a não fazer mais efeito. Em cada rosto, em cada voz, na primeira consulta, percebe-se um grito, um pedido de socorro, uma ansiedade para livrar-se daquilo. Muitos chegam a dizer que a Terapia de Regressão é sua última esperança, que já não aguentam mais, são anos e anos de sofrimento e angústia, alguns desde criança, outros já fizeram regressões e não tiveram o resultado esperado.

O que lhes digo é que a Terapia de Regressão é um procedimento espiritual que deve ser dirigido pelo Mundo Espiritual, e não pelo terapeuta, portanto, não posso prometer-lhes nada, apenas fazer o procedimento e deixar a cargo de seus Mentores o que vão acessar, o que eles entendem que podem acessar, e o que curarem é o que está na hora de curar. Mas me parece que o fato de uma pessoa procurar um procedimento espiritual, como é a regressão, já faz com que tenha o merecimento de receber esse benefício, pois 95% dos que regridem têm sucesso ou, no mínimo, melhoram muito. O ideal é realizar três ou quatro sessões de regressão para encontrar e desligar-se de cinco ou seis situações de vidas passadas. Alguns fazem apenas uma ou duas sessões, melhoram, mas abandonam o tratamento e já não se sabe se foram curados ou apenas melhoraram. O que sei é que, das vidas passadas que foram desligadas, não vem mais nenhum sintoma (medo, angústia, impaciência, raiva, tristeza etc.), mas a recomendação é que se façam sessões até aparecer uma vida passada "normal", sem nada de traumático, como se fosse um "sinal" do Mundo Espiritual de que não é mais necessário realizarem-se regressões. É muito rara a necessidade de mais do que três ou quatro sessões.

Mas nós da Associação Brasileira de Psicoterapia Reencarnacionista (ABPR) não somos apenas terapeutas de regressão, e sim psicoterapeutas reencarnacionistas que utilizam as regressões com duas finalidades:

1ª) Ajudar as pessoas a encontrarem dentro de seu Inconsciente as situações de vidas passadas de onde vêm seus sintomas e desligarem-se de lá.

2ª) Ajudar as pessoas, após as sessões, quando conversamos sobre o que foi encontrado, a entender o que chamamos de Personalidade

Congênita (padrão comportamental repetitivo encarnação após encarnação), que é a chave para entendermos nossa proposta de Reforma Íntima. Como as pessoas acessam várias vidas passadas para desligarem-se de todas elas, muitas vezes conseguem ver como eram em suas vidas anteriores, como era sua personalidade lá, seus sentimentos, atitudes, enfim, recordam como eram em seu passado, há séculos. E comparando-se como são hoje, vão entendendo o conceito de Personalidade Congênita, pois o que tinham de inferior, de negativo em suas características nesses séculos passados, e que ainda trazem consigo até hoje, é o que vêm reencarnando para melhorar, inclusive atualmente, dentro do princípio da Reforma Íntima.

Muitas pessoas ironizam a Terapia de Regressão, afirmando que todo mundo era rei, rainha, nobre, vivia na França... Não sei se é porque sou brasileiro, gaúcho, plebeu, tupiniquim, mas comigo isso não acontece, vejo pessoas que acessam vidas passadas em que faziam parte do povo: camponeses, soldados, donas de casa, marinheiros, padres, freiras, crianças, mendigos, prostitutas etc. Mas para a Psicoterapia Reencarnacionista e sua proposta de nos ajudar a aproveitarmos bem nossa atual encarnação, não importa "o quê" fomos em vidas passadas, e sim "como" fomos, pois aí encontramos características de personalidade e sentimentos, e isso nos ajuda a nos entendermos mais hoje, nos situarmos em nossa evolução espiritual e sabermos se estamos aproveitando bem nossas encarnações, no sentido de evolução espiritual ou não, ou muito pouco, que é o mais frequente.

Nenhum terapeuta de regressão que eu conheça é contrário à medicação química para atenuar os sintomas, mas nenhum de nós é favorável a que isso seja "o tratamento". Os psicotrópicos podem ser utilizados por um certo tempo, mas, com os desligamentos das situações causais do Pânico, podem ser descontinuados e até mesmo gradativamente retirados. Para as pessoas que não se submetem às regressões e não se curam, a medicação deve, geralmente, ser tomada a vida toda ou até algo "sobrenatural" acontecer, como uma ação do Mundo Espiritual, uma desobsessão ou o desligamento das situações pretéritas espontaneamente. Existem muitos mistérios nestas questões kármicas e é possível uma pessoa curar-se sem Regressão, se seus Mentores Espirituais assim o resolverem.

As pessoas muitas vezes perguntam se podem continuar tomando seus medicamentos psicotrópicos enquanto fazem as regressões e a resposta é sim. Eles não atrapalham em nada, e depois dos desligamentos das três ou quatro sessões, elas podem conversar com seu psiquiatra e irem retirando gradativamente os remédios, até suspendê-los definitivamente. Após a alta, recomendo que, se um dia sentirem algo estranho novamente, um medo, uma ansiedade sem motivo, uma tristeza, uma dor física inexplicável, devem retornar à consulta para mais uma ou duas sessões de regressão, para ver se alguma vida passada ativou-se. Por vezes, em uma certa idade, uma vida passada entra em atividade e a pessoa começa a viver aqui e lá ao mesmo tempo, sentindo hoje o que sentia naquela época, e tem de ser desligada dela. Ou, então, alguma situação na vida atual pode ocasionar essa ativação, como encontrar alguém que seu Inconsciente reconhece lá do passado, sofrer um trauma, contrair uma doença, assistir a um filme etc.

Um recado aos seus amigos e parentes

Quem tem um amigo ou um parente que sofre de alguma Fobia, Pânico ou Depressão severa, resistente a medicamentos, e não acredita em Reencarnação, pensa o quê? Que é uma doença que deve ser tratada com medicamentos por toda a vida, que pode não ter cura, ou que é um trauma da infância, da falta do pai, da mãe, da pobreza, dos demais traumas de lá, somado ao que se passa agora em sua vida, as preocupações, os sofrimentos, como costuma ser a visão tradicional a respeito desses transtornos.

Quem é amigo ou parente de alguém que assim sofre e acredita em Reencarnação sabe que tudo isso são ressonâncias de encarnações passadas e que a grande melhoria ou cura pode ser encontrada acessando essas épocas e desligando-se delas.

Quero mandar aqui um recado aos amigos e aos parentes dessas pessoas. Quem não acredita em Reencarnação, pense que, se tivesse nascido numa família Espírita, numa família budista, acreditaria, o mesmo vale se tivesse nascido no Oriente, onde todas as Religiões são reencarnacionistas. Procure estudar os Concílios pelos quais a Igreja Católica formatou-se, por que os Bispos daquela época decidiram que a Reencarnação não existia, procure conhecer a origem das Religiões dissidentes do Catolicismo, pense que a Reencarnação não está citada na Bíblia porque esse é um Livro Sagrado feito pela e para a Igreja Católica, que, evidentemente, não incluiria nele algo contrário a seus dogmas, embora em alguns trechos fale-se em Reencarnação, como, por exemplo, quando os discípulos de Jesus perguntaram ao Mestre, no caso de um homem cego de nascença, quem havia pecado, ele ou seus pais? Ora, para terem perguntado isso, quando ele teria pecado, se era cego de nascença, então os discípulos de Jesus acreditavam em Reencarnação. E o Mestre também falou que São João havia sido Elias, e isso é Reencarnação.

Leiam livros, busquem na Internet, estudem o assunto, investiguem, analisem por si, entrem nos sites de Terapia de Regressão, cheguem às suas próprias conclusões.

UM RECADO AOS PSIQUIATRAS E AOS PSICÓLOGOS

Quando defendemos a utilização da Terapia de Regressão nos casos de Fobia, Pânico ou Depressão, e afirmamos que a causa, a origem dos sintomas, geralmente está em vidas passadas, agravado por situações atuais, não estamos nos colocando contra os psiquiatras e os psicólogos, estamos apenas nos posicionando em relação a um assunto com o qual trabalhamos há cerca de 20 anos, tendo feito mais de 10 mil sessões de regressão, e do qual ministramos Cursos de Formação em vários estados do Brasil.

Estamos defendendo uma ideia, uma concepção, uma Terapia estudada e realizada em muitos países por médicos, psicólogos e terapeutas das mais variadas linhas, sendo abordada em várias Universidades e Institutos, por pesquisadores e cientistas. Enfim, não se trata de um modismo, de mais uma "sensação" do momento, fadada a desaparecer em breve. A Terapia de Regressão já ocupa um lugar amplo nas livrarias, na Internet, nos consultórios, e aqui no Brasil e em vários países seus resultados estão cada vez mais evidentes e alentadores. Mas a Medicina Alopática e a Psicologia e seus respectivos Conselhos continuam a negá-la, a recusá-la, a ridicularizá-la, afirmando que é uma bobagem, coisa passageira, que não é "científica".

Coloco-me à disposição de quem quiser para mostrar meu trabalho, realizar palestras em âmbito acadêmico, organizar Grupos de Estudos, fazer trabalhos científicos e até ministrar Cursos de Formação apenas para psiquiatras e psicólogos. Estamos, na verdade, abrindo as portas e as janelas para que a Psiquiatria e a Psicologia se libertem de uma concepção religiosa não reencarnacionista, para que passem a aventar a possibilidade de outras vidas para seus pacientes, para que retomem o desejo do Dr. Freud de abrir o Inconsciente das pessoas com esses transtornos, deixar aflorar de lá de dentro o que está incomodando e, se forem recordações de outras vidas, não entender isso como um assunto religioso, e sim como um assunto científico, passível de observação e metodologia. Grande parte dos psiquiatras e psicólogos acredita na Reencarnação, ou pelo menos não descarta essa possibilidade, então por que não se abrir ao estudo e à utilização da Terapia de Regressão?

O novo está aí e, na verdade, é antiquíssimo. Na História da Psiquiatria, no começo, tudo era espiritual, depois ficou científico, agora é simplesmente a hora da união do Espiritual com a Ciência, originando a Psiquiatria do futuro, que lidará cientificamente com a Reencarnação. E a Psicologia, quando vai se libertar dessa concepção de um início na infância, que não é início, mas continuação? Quando vai se perguntar por que cada filho é diferente do outro, com o mesmo pai, a mesma mãe, as mesmas condições? Quando vai entender que não formamos nossa personalidade na infância, apenas aí a revelamos, pois é congênita, já nascemos com ela, é a continuação de nossa personalidade da vida anterior, e da outra, da outra... Quando será entendido pela Ciência que não temos várias vidas, temos apenas uma, e dizer que a origem de uma Fobia, do Pânico, de uma Depressão resistente está em vidas passadas não é assim, é só uma maneira de dizer? A origem está na vida das pessoas em outros séculos.

Eu continuo com meu trabalho, assim como os psicoterapeutas reencarnacionistas da ABPR e os terapeutas de regressão de todo o Brasil e do mundo, e um dia a Psiquiatria e a Psicologia vão agregar a Reencarnação ao seu *modus operandi*, e aí terão de reescrever seus livros, mudando o conceito de formação da personalidade, as hipóteses, o diagnóstico e os tratamentos para esses transtornos. Mais tarde será aceito que existem Espíritos obsessores e que isso necessita tratamento espiritual, e assim cada vez mais pessoas poderão ser curadas.

UM RECADO AOS ESPÍRITAS

Nós concordamos integralmente com as críticas e a oposição à Terapia de Regressão de algumas pessoas espíritas e dirigentes de Casas e Federações, pois, realmente, uma certa parcela dos terapeutas de regressão não realiza essa Terapia como é recomendado pelo Mundo Espiritual, e muitos interferem na Lei do Esquecimento, dirigindo a recordação e, pior, incentivando o reconhecimento de pessoas no passado.

Nós seguimos a orientação de Alan Kardec em *O Livro dos Espíritos*, na questão 399, e uma das metas da Associação Brasileira de

Psicoterapia Reencarnacionista é colaborar na moralização da Terapia de Regressão para evitar que esse procedimento vulgarize-se e transforme-se numa aventura, numa mera viagem, num *tour* a vidas passadas, sem critérios, sem seriedade, sem ética. Nós, que atuamos nessa área, ouvimos cada história, cada caso de terapeutas de regressão e suas técnicas, concepções e maneiras de realizar seu trabalho, que, por vezes, temos de exclamar: "Mas os espíritas têm razão mesmo de ser contra a regressão!". Isso porque uma certa parcela dos terapeutas de regressão não fazem como o Mundo Espiritual ensina. Eles se acham com o direito de decidir o que a pessoa vai ver, o que vai acessar, ou se alguém vem fazer regressão para saber por que sua mãe gostava mais de seu irmão do que dele, por que ele odiava seu pai, por que tem dificuldades com seu filho, por que isso, por que aquilo, o terapeuta concorda, faz seus procedimentos e a pessoa encontra a resposta que queria. Quando vê alguém matando outra pessoa, enforcando, roubando, estuprando, o terapeuta pergunta: "E quem é essa pessoa hoje?", o paciente reconhece e é o pai, é a mãe, é o irmão, e se já tinha mágoa, já tinha raiva, tudo isso piora. E se, por acaso, não era a pessoa que reconheceu, mas achou que era alguém de quem tem mágoa ou raiva, piora ainda mais as coisas. Isso não é Terapia de Regressão, é uma atitude completamente antiética do ponto de vista kármico, e o Mundo Espiritual é contrário a essa prática, porém, pelas leis do livre-arbítrio, cada pessoa e cada terapeuta pode fazer o que quiser.

Então, nós, da ABPR, estamos junto com a Religião Espírita, cuidando para que essa Terapia que aí está fique e se estruture de uma maneira correta do ponto de vista espiritual e cosmo-ético. Em nossos livros e artigos, nos Cursos de Formação, todos os nossos ministrantes e monitores atentam a essas questões, pois elas são fundamentais para nós. Os leitores e os alunos dos cursos entendem por que as regressões devem ser dirigidas pelos Mentores Espirituais das pessoas e não pelos terapeutas, por que a recordação deve ir até o período intervidas e por que é vedado incentivar o reconhecimento.

Na verdade, a ética em nossa Escola começa antes mesmo da regressão, começa quando não conduzimos a recordação para o motivo da consulta, para a queixa da pessoa. Nós simplesmente ajudamos a pessoa a entrar em um estado meditativo, sem direcioná-la ou conduzi-la. Quando a pessoa está bem descontraída, com sua frequência mais elevada, seus Mentores Espirituais lhe oportunizam acessar uma encarnação e aí começa a regressão (recordação). A Regressão (na Terra) se assemelha muito ao Telão (no Plano Astral), desde que ambos sejam comandados pelo Mundo Espiritual. Isso é obrigatório, e é assim que deve ser.

COMENTÁRIO FINAL

Acredito que consegui expor o suficiente para que as pessoas que sofrem desses traumas que trazem de encarnações passadas, e que seu Inconsciente deseja eliminar, mas que não sabiam da eficácia da Terapia de Regressão nas Fobias, no Transtorno do Pânico e na Depressão severa, comecem a pensar na possibilidade de submeter-se a esse tratamento. E também para que os psicólogos e psiquiatras comecem a pensar na possibilidade de fazer um Curso de Formação em Terapia de Regressão, estudar essa nova maneira de enxergar e tratar esses transtornos e, após, comecem a praticar essa Terapia para verem por si mesmos como ela pode beneficiar inúmeras pessoas sofredoras.

Mas como é uma Terapia de fundo espiritual, pois lida com nossas vidas passadas, deve ser utilizada por profissionais competentes, sérios, bem-intencionados e éticos. Sempre haverá pessoas inescrupulosas ou irresponsáveis que realizam um cursinho de alguns finais de semana, leem dois ou três livros e então se intitulam terapeutas de regressão, fazendo regressões de qualquer jeito, mais prejudicando do que beneficiando quem lhes procura. Quando me perguntam se regressão é perigoso, digo que sim, e muito, pois realmente uma pessoa pode ficar (sintonizada) lá, pode piorar com a Regressão ou pode não receber nenhum benefício, nem de desligamento nem consciencial. Uma moça estava noiva, tinha Fobia de água, ia casar com um rapaz, foi fazer regressão e viu que foi empurrada de um barco por um homem numa vida passada e morreu. A terapeuta, irresponsável, perguntou naquele momento quem era o homem, ela reconheceu o noivo, terminando o noivado! Ou seja, Deus uniu e a terapeuta desuniu. Regressão é perigoso? Sim, muito, em mãos inexperientes, sem honestidade, sem ética.

Infelizmente, a Psicologia e a Psiquiatria ainda não se dispuseram a lidar com a Reencarnação, pois, sem perceber, seguem uma decisão do II Concílio de Constantinopla, de 553 d.C., quando alguns homens resolveram que ela não existia. Não lidam com a Reencarnação, sem perceberem que estão seguindo uma das decisões mais trágicas para a humanidade, que tirou o sentido de nossa vida, a finalidade de nossa existência, fazendo as pessoas afastarem-se cada vez mais de seu destino e origem espirituais e de seu verdadeiro Caminho de retorno para a Perfeição, o que acontece com o passar das encarnações e com nossa progressiva purificação. Isso aumentou o medo, a insegurança, a tristeza, o materialismo, a futilidade, o "aproveitar a vida", ou seja, o dogma não reencarnacionista pode piorar o medo e a insegurança das pessoas, pode incrementar a solidão, o Pânico, o suicídio, a raiva, o que pode ser melhorado pela lembrança de que somos Espíritos eternos, de passagem mais uma vez por essa Terra, em busca de evolução espiritual, de que somos todos irmãos, e que devemos trabalhar pela paz, pelo amor, pela irmandade, pela cooperação, pela integração da raça humana por um objetivo em comum: fazer da Terra um Paraíso.

Enquanto a Psicologia e a Psiquiatria continuarem submetidas a um dogma religioso não reencarnacionista, continuarão ajudando seus pacientes apenas de uma maneira limitada, custosa (em todos os sentidos), desgastante, trabalhosa e de resultados muitas vezes frustrantes, tanto para os pacientes como para os próprios profissionais.

E me pergunto: Se provavelmente muitos desses profissionais acreditam na Reencarnação, frequentam Centros Espíritas, Centros de Umbanda, Sinagogas, Centros Budistas, são maçons, rosacrucianistas, por que não lidam com a Reencarnação em seus pacientes?

Todas as Fobias têm grande possibilidade de cura, desde que seja descoberta a origem dos sintomas, as situações que as geraram, e isso, na maioria absoluta dos casos, é encontrado em vidas passadas, através dessas "viagens no tempo", da rememoração das situações patogênicas que originaram os sintomas de hoje e o desligamento dessas vidas passadas, de onde vinha o medo de lugares fechados, de altura, de água, de ambientes abertos, de multidões, de provas, de fogo, de morrer de uma doença grave, de ter uma morte súbita, de perder um filho, familiares, enfim, todos esses pensamentos que os pacientes fóbicos apresentam e que são chamados de "sintomas", quando, na verdade, são ressonâncias.

Estudando a etimologia da palavra Psicologia, sabemos que *Psycho* significa Alma e *Logia*, Estudo. Ou seja, Psicologia deve ser o Estudo da Alma, mas nossa Psicologia tradicional, não reencarnacionista, lida com essa vida apenas e não estuda a Alma. A Psiquiatria, sendo uma especialidade da Medicina tradicional, orgânica, que deveria estudar os pensamentos, estuda apenas o cérebro, acreditando que eles aí residem e que é possível, através de medicamentos químicos, tóxicos, paliativos, resolver os problemas mentais das pessoas, rotulando-os em DSMs, quando, na verdade, a doença mental é resultante de pensamentos negativos, equivocados, que vêm de vidas passadas, ainda ativas dentro do Inconsciente, e muito influenciados pela ação de Espíritos de pouca consciência sobre os doentes.

O que adoece mentalmente as pessoas é a falta de mais espiritualidade, de menos egocentrismo, de mais amor, menos apego, mas isso só a evolução espiritual, encarnação após encarnação, sofrimento após sofrimento, pode trazer. Não conheço ninguém que evolui pelo amor, inclusive eu, só conheço pessoas que evoluem pela dor. Todo doente é egocêntrico e aí está sua doença e sua possibilidade de cura, que é a libertação do "eu", do "meu", do "minha", e seu endereçamento para o "nós", o "nosso", a "nossa", aí então nos aproximamos de um Chico Xavier, de uma Tereza de Calcutá, de um Gandhi, de um Dalai Lama, de um Yogananda, entre outros.

Na experiência do dia a dia dos terapeutas de regressão, sabemos que o que é muito forte não se originou nesta vida atual, mesmo que existam fatos traumáticos que pareçam ter sido os causadores. Em meus 20 anos de experiência, com cerca de 10 mil pessoas regredidas, estou acostumado a ouvir relatos de casos de Fobias, Pânico, medo sem causa, tristeza sem motivo, saudade indefinível, sensação inexplicável de inferioridade, culpa sem entendimento etc., cuja origem está em encarnações do passado, tendo os fatos da vida atual funcionado como fatores agravantes e/ou "despertadores" para esses traumas antigos que estavam inativos no Inconsciente das pessoas e que, de repente, foram ativados. Porém, também existem pessoas que já nasceram sintonizadas no passado, como é o caso de crianças medrosas, tímidas, depressivas, muito magoáveis, algumas já fóbicas e com Pânico.

As pessoas que sofrem de alguma Fobia, Pânico ou Depressão severa ficam anos e anos tratando-se, às vezes com bons resultados, outras vezes com resultados razoáveis e, por vezes, com resultados decepcionantes. Por que não realizar logo a Terapia de Regressão, que pode encontrar a origem dos sintomas, desligar as pessoas de lá e curá-las rapidamente, sem medicamentos químicos, sem a necessidade de longos períodos de tratamento, que podem chegar a anos, numa maneira muito mais rápida e econômica de resolver o problema? E por que utilizar regressão apenas até o útero, se a imensa maioria dos casos vem de situações de outras encarnações? Não entendo por que ficar meses, anos em tratamento, com todo um gasto financeiro, de tempo e de esforço para, talvez, alcançar um resultado positivo que pode ser obtido em muito menos tempo, indo direto ao ponto.

COMENTÁRIO FINAL

Porém, cumpre ser honesto e dizer que nem todas as pessoas se curam com a Terapia de Regressão. Cerca de 5% não regridem, e algumas acessam as vidas passadas, encontram a origem dos sintomas, desligam-se de lá, parece que tudo vai dar certo, mas não melhoram, não se curam ou abandonam o tratamento quando parecia que ia dar certo, desistem. Que forças são essas que não permitem que certas pessoas alcancem suas vidas passadas, de onde vêm seus sintomas? E por que algumas acessam os traumas, desligam-se de lá e não melhoram? Por que outras desistem quando estavam indo tão bem? É aí que entram as Leis Kármicas, o Merecimento, a hora certa para a cura, e também uma culpa escondida dentro do Inconsciente dessas pessoas, que não permite que elas se curem, culpas de vidas passadas, de atos equivocados, que determinam que elas, inconscientemente, "não mereçam" a cura. Também entram as forças negativas, espirituais, de seres de pouca evolução que perseguem essas pessoas, influenciando seus pensamentos, atrapalhando as sessões de regressão, tentando evitar que elas alcancem uma cura, geralmente por um desejo de vingança muito antigo, de situações de outras encarnações, quando se sentiram injustiçados, prejudicados, e hoje aí estão, parados no tempo, visando unicamente a prejudicar seu antigo desafeto.

Até pouco tempo, a tendência vigente era dividir os assuntos relativos ao ser humano em duas categorias: científicos ou religiosos. Os assuntos científicos eram estudados nas Faculdades, nas Universidades e nos Institutos de Ciência, enquanto os assuntos religiosos eram estudados nas Igrejas e nos Templos. Mas há mais de um século surgiu a Física Quântica e, ao mesmo tempo, a religião Espírita, através da codificação de Alan Kardec, e iniciou-se a migração das Religiões e da Filosofia Oriental para o Ocidente. Concomitantemente, os assuntos "médicos" começaram a se misturar com os "psicológicos", e passou-se a raciocinar em termos psicossomáticos, ao mesmo tempo que a visão "sólida" do ser humano ia se dissolvendo, a ponto de todos hoje sabermos que não somos sólidos, somos

Energia condensada, não somos um agrupamento de órgãos independentes, mas um sistema totalmente integrado, comandado pelo cérebro, que é, por sua vez, comandado por nossos pensamentos e sentimentos, o que as Religiões chamam de "Espírito".

Os médicos alopatas já perceberam que as doenças físicas são originadas, ou pelo menos muito influenciadas, por nossos pensamentos e sentimentos e encaminham então seus pacientes para psicólogos e psiquiatras para tratar a origem das doenças físicas. Já recomendam Yoga, Meditação, uma vida mais natural, "acalmar-se", trabalhar menos, relaxar, enquanto tratam os distúrbios fisiológicos ou já patológicos de nossos órgãos afetados, procurando matar as bactérias e os vírus que querem nos comer, ajudando nosso organismo a recompor-se. Os cientistas, cada vez mais pesquisando, estudando, criando novos e mais modernos medicamentos para nossos males. Os psicólogos tradicionais continuam procurando na infância dos pacientes e em sua vida atual o que originou suas doenças físicas e psíquicas, seus males, sua tristeza, mágoa, sensação de inferioridade, medos e angústias. Os psiquiatras continuam procurando corrigir os desequilíbrios dos neurotransmissores, acreditando, sinceramente, que reside aí a causa de nossos males emocionais e mentais. Todas as Religiões ocupando-se do código moral de amor ao próximo, de humildade, bondade, desapego das coisas materiais e priorização das espirituais, simplicidade, obediência à vontade de Deus, serviço ao próximo. As pessoas em geral procurando viver de uma maneira mais saudável, do ponto de vista alimentar, de hábitos de saúde. Medicinas antigas retornando com força, como a Acupuntura, o Shiatsu, a Homeopatia, a Terapia Crânio-Sacral, a Terapia Floral, a Yoga, a Bioenergética, a Meditação, a alimentação natural, e tantas outras Medicinas naturais. Enfim, todo um esforço de milhões de pessoas pela sua própria saúde e pela saúde dos demais, mas mesmo assim a Depressão está aumentando, o Pânico se agravando, as Fobias incrementando-se. O que está errado?

Em minha opinião, e na de milhares de médicos das mais variadas Medicinas, de psicólogos tradicionais ou holísticos, de terapeutas e espiritualistas de todo o mundo, o que está errado é a visão que predomina a respeito da Vida, começando pelo nome. Pois quando chamamos essa passagem pela Terra de "A Vida", estamos, acreditando ou não em Reencarnação, nos dispondo a vivê-la, a aproveitá-la, cada um com suas circunstâncias, com seus desejos e objetivos, uns mais materialistas, outros menos, uns mais egoístas, outros menos, mas raramente se encontra um Chico Xavier, uma Tereza de Calcutá, um Gandhi, um Dalai Lama, uma Amma, pessoas que realmente sabem ou souberam aproveitar a "Vida". Nenhum grande Mestre Espiritual, nenhum grande Guia Religioso, nenhuma grande pessoa que viveu ou vive para os outros, para o benefício da humanidade, sofre de Pânico. Segundo o Dr. Bach, a doença da humanidade é o egoísmo e todo doente é um egocêntrico, pois vive e sofre para e pelas suas coisas, pelos seus pensamentos, seus sentimentos, suas metas, seus ideais, suas preocupações, suas decepções, suas frustrações, suas vontades não realizadas, seus fracassos. Tudo "seu".

Não estou falando do egoísmo "mau", aquele que prejudica os outros, que faz uma pessoa querer ser muito rica, mesmo que para isso provoque a pobreza de milhares de outras, que faz alguém roubar, matar, fabricar e vender armas, fabricar e vender cigarro, bebida alcoólica, drogas lícitas e ilícitas, entre outros males. Estou falando do "egoísmo egocêntrico", o egoísmo do "eu", do "meu", do "minha", estou falando da diferença entre as pessoas comuns e os Mestres, que falam o tempo todo em "nós", "nosso", "nossa". É muito diferente a vida de quem vive para si e seus próprios interesses, da vida de quem vive para os outros e para os interesses dos outros. A atitude egocêntrica traz a doença, a atitude heterocêntrica traz a cura. O "eu" encurva a alma, o "nós" a expande. O "eu" fecha a porta do coração, o "nós" a abre. O "eu" deprime, o "nós" faz sorrir. A Pânico é uma das doenças do egoísmo, o sofrer por si, o desgostar de "sua" vida, a frustração pela "sua" vida, uma perda de algo "seu", seja material ou afetivo, uma não conquista de algo para "si", uma mágoa ou dor de "sua" infância, uma tristeza por algo errado em "sua" vida atual, enfim, algo referente a "si" e "sua" vida.

Mas, apesar disso, e muito mais profundamente, nós, psicoterapeutas reencarnacionistas, habituados a escutar histórias de vidas passadas em sessões de regressão, sabemos que nossa maneira de sentir e reagir aos fatos da vida é antiga, como viemos sentindo e reagindo há várias encarnações, séculos ou mesmo milhares de anos. É o que chamamos, na Psicoterapia Reencarnacionista, de "Personalidade Congênita", nosso padrão comportamental de séculos e séculos, a base de nossa Escola, a chave para encontrarmos nossa proposta de Reforma Íntima e, assim, um real aproveitamento da encarnação.

Sabemos que, por trás dos fatos depressivogênicos de nossa infância e da vida, a causa real da Depressão está em nossas vidas passadas. No caso das pessoas depressivas, se não se desligarem das vidas passadas às quais estão sintonizadas, dificilmente poderão curar-se, necessitando de medicamentos antidepressivos talvez para o resto da vida. Nas regressões, encontramos essas situações, e lá, geralmente, a origem da Depressão é o egoísmo, pois eram pessoas que se fecharam para a vida pela perda do "seu" amor, pessoas que viveram apenas para si e seus familiares e que, ao final da vida, tornaram-se idosos deprimidos, frustrados, solitários, pessoas voltadas apenas para os aspectos materiais da existência, sem alegria, sem caridade, pessoas que passaram pela vida sem um sentido espiritual, sem uma finalidade maior.

E então, sendo essa sua Personalidade Congênita, ainda hoje tendem a ser assim, a viver dessa maneira, e reencarnaram para promover uma Reforma Íntima nessa sua tendência. Para isso, atraem para si uma infância carente, um pai ou uma mãe que não correspondem a sua carência afetiva crônica, atraem pessoas ou situações "negativas" no decorrer da vida que fazem aflorar sua antiga mágoa, sua secular rejeição, seu abandono centenário ou milenar, fatos esses a que chamamos de "gatilhos" e que têm uma finalidade: mostrar a essas pessoas que elas reencarnaram para, desta vez, não reagir com Pânico. Mas elas reagem novamente assim, pois é assim que são, é assim que vêm reagindo há muitas vidas, é só assim que sabem ser.

Desejo a todos nós uma feliz encarnação, plena de sucesso espiritual, e que, ao retornarmos para Casa, o Mundo Espiritual, após a morte do corpo físico, lá cheguemos como vencedores de nós mesmos, de nossos instintos, de nossos defeitos, de nossas imperfeições, de nossos vícios morais e comportamentais, e que tenhamos realmente aproveitado esta encarnação no sentido espiritual. O sentido é para cima, sempre para cima, devemos ir subindo os degraus de nossa Consciência, alcançando andares cada vez mais elevados em nossa escalada rumo ao Alto, de volta para nosso Pai, para nossa Mãe, para o Universo, para a Harmonia, para a Paz e para a Luz.

AGRADECIMENTOS

Agradeço à Juliana, minha esposa, que sempre acredita em mim (mesmo quando alço altos voos...), que aceita com muito amor que eu fique horas e horas, dias e dias, noites e madrugadas, fins de semana, escrevendo, escrevendo, escrevendo, e ela ali, me fazendo lanche, sopinha, me dando carinho, ou vai deitar, entendendo essa coisa de ideal que eu tenho, de quem tem Sol e Mercúrio em Escorpião na Casa 11, de quem tem Urano na Casa 6, Aquário na Casa 2 e na 3, o Ascendente e a Lua em Capricórnio, de quem acredita que a vida tem de valer a pena, que temos de ser úteis, produtivos, participativos, trabalhar pela nossa própria evolução espiritual, dedicando-nos ao trabalho comunitário, direcionando nossa Energia e vontade para o bem comum.

Agradeço aos meus filhos Hanna, Rafael, Maurício e Igor, e à minha neta Lara, que me amam e que eu amo muito, que entendem que seu pai é um cara diferente, que trabalha espiritualmente, que é uma pessoa que acredita que devemos viver para o trabalho coletivo, humanitário, que às vezes exagera quando começa a cantar seus Hinos Espirituais, e acha que não devemos perder tempo com bobagens como televisão e outros instrumentos dessa nossa sociedade passatempo.

Agradeço à Gabriela e à Yasmim pela paciência quando começo a pedir silêncio, para baixar o volume da televisão, fechar a porta do quarto, mania de quem tem Peixes na Casa 4...

Agradeço aos Seres Superiores do Plano Astral, que, a partir de 1996, me confiaram a missão de trazer a Psicoterapia Reencarnacionista para a Terra e a possibilidade de conciliar Terapia de Regressão com a Lei do Esquecimento através da Regressão Terapêutica, comandada pelos Mentores Espirituais das pessoas, sem a interferência do terapeuta, que não direciona a recordação e jamais incentiva o reconhecimento de pessoas em seu passado, por ser isso uma séria infração à Lei do Karma.

Agradeço à BesouroBox e seus besouros dourados por acreditarem em mim e me pedirem mais livros, mais livros, aí eu largo o violão e vou escrever... Agradeço a todos que autorizaram a publicação de seus casos nestes livros, por entenderem que podem, assim, ajudar milhares de pessoas que sofrem dos males para os quais encontraram grande alívio ou a cura, e ajudar os psicólogos e os psiquiatras a se libertarem de uma vez da decisão daquele Concílio.

Agradeço aos meus Mentores Espirituais, que estão sempre me ajudando, me orientando, me intuindo, para os quais prometo ser cada vez mais obediente, submisso e fiel. Agradeço a São Miguel, a São Jorge, a Nossa Senhora e ao Mestre Jesus por sempre me salvarem e peço que continuem me ajudando, se eu merecer.

Desejo uma feliz e proveitosa encarnação a todos nós, com muita evolução espiritual, e que, ao retornarmos ao Plano Astral, cheguemos lá vitoriosos quanto às nossas metas pré-reencarnatórias. Viemos para cá para viver a ilusão da separatividade, da individualidade, para, um dia, relembrarmos que todos somos Deus e começarmos a subir e a crescer novamente. Aqui é um lugar de passagem, aqui é o mundo da ilusão, estamos aqui para aprender a amar e a nos libertar de nós mesmos. Jesus, Buda, Krishna, Gandhi, Yogananda, Tereza de Calcutá, Chico Xavier, Dalai Lama e outros conseguiram, nós também podemos conseguir.

CONFIRA A SEGUIR UMA "PROVINHA"
DO PRIMEIRO ROMANCE
DE MAURO KWITKO:
**A FASCINANTE VIDA
DE MIRTA KASSOW – AS LIÇÕES
E OS APRENDIZADOS DE UM
TERAPEUTA DE REGRESSÃO**

Esta cena aconteceu em uma rua totalmente apinhada de gente, carrocinhas, vendedores, lojinhas, cachorros, automóveis, transeuntes se esgueirando no meio da rua, um barulho, uma confusão. No meio disso tudo, uma moça caminha, pergunta pra um, pergunta pra outro, ninguém sabe, balançam a cabeça dizendo que não, a impressão que dá é que ninguém sequer imagina sobre o que ela está falando. De repente, ela olha pra calçada, do outro lado da rua, tem um senhor bem velho sentado em uma cadeira, cochilando, parece que olha para ela, ou não. Ela resolve atravessar a rua para perguntar se ele sabe. Ele sabe! Foi assim que ela chegou ao prédio em que o Dr. Mirta atende.

– Boa tarde, o senhor é Mirta Kassov?
– Sim, senhora.
– É o senhor quem trabalha com regressão?

– Eu mesmo.

– Posso subir? Preciso conversar com o senhor, saber se pode me ajudar.

–Entre, eu estava lhe esperando.

– O senhor estava me esperando? Como sabia que eu viria aqui?

– Vamos subir?

Enquanto eu subia as escadas até o consultório onde atendia aquele homem estranho, que diziam que era um famoso terapeuta de regressão, recordava como não fora fácil lhe encontrar. E como ele sabia que eu estava indo lhe ver?

Eu passara o dia andando pelo bairro, parecia que ninguém sequer ouvira falar nele, perguntara para várias pessoas, alguns nem paravam para me escutar, outros franziam a testa – *Mirta? Mirta o quê?* –, faziam cara de que não entendiam o que eu falava – *Mirta? Terapeuta de quê?*

O bairro era um labirinto de ruas, cheio de pessoas, parecia que todas estavam correndo, barulho, um monte de comércio, lojinhas, banquinhas, gente apressada, suando, bares fedorentos, botecos, crianças correndo, gente gritando, cachorros, automóveis se esgueirando por entre banquinhas e um milhão de pessoas que caminhavam no meio da rua. Que lugar para um terapeuta fazer regressão! Será que era ali mesmo? Talvez nem fosse, quem sabe eu estava procurando no lugar errado, não podia ser ali, muito barulho, ninguém conhecia esse terapeuta, sei lá, melhor desistir, voltar outro dia.

E eu estava ali, parada na calçada, já meio desanimada, querendo desistir, ir pra casa. Chega! Azar mesmo, acho que esse cara nem existe, deve ser uma lenda, essas coisas que inventam que lá não sei onde tem um cara que cura as pessoas com regressão a vidas passadas, nem sei se acredito nisso, vidas passadas, essa minha atual é uma bagunça, imagine outras. Não sei se vou embora, se fico, meu Deus, como eu sou indecisa. Vejo um homem velho, de barba, sentado em uma cadeira de balanço, na calçada oposta, me olhando, ou talvez nem estivesse me olhando, mas já tinha perguntado pra tanta gente, um a mais, quem sabe ele, é velho, deve morar ou trabalhar aqui há muito tempo, deve conhecer, se é que esse terapeuta é aqui, se é que existe.

– Desculpe, o senhor mora aqui?

– Há uns 30 anos, mais ou menos.

– O senhor conhece um terapeuta chamado Mirta Kassov?

– Sim, conheço. Está procurando por ele?

Quase nem acreditei! Depois de horas procurando, perguntando, ninguém sabia, nem tinha ouvido falar, eu já achava que Mirta Kassov nem existia, e ele conhecia! E assim, calmamente, ele me diz: "Sim, conheço. Está procurando por ele?". Fiquei nervosa, queria encontrar, queria falar com Dr. Mirta, queria fazer regressão, essa fobia me incomodava desde criança, diziam que ele podia curar, que poderia ser de uma vida passada, eu nem sei se acredito em vidas passadas, e o homem conhecia!

— Estou. O senhor sabe onde é o consultório dele?

— Sim. A senhora segue em frente. Está vendo aquele beco logo adiante?

— Aquele à esquerda?

— Sim. Entra nele. É no 3º edifício, do lado direito. Tem uma placa na frente. Ele atende ali.

— Muito obrigada, senhor...?

— Andrea Kassov.— virou o rosto e fechou os olhos, encerrando a conversa.

SAIBA DESTE E DE
TODOS OS LIVROS DO AUTOR EM
WWW.BESOUROBOX.COM.BR

IMPRESSÃO:

Santa Maria - RS - Fone/Fax: (55) 3220.4500
www.pallotti.com.br